Leonardo Olschki

Der Mythos Filz

Ein wissenschaftliches Kabinettstück

Übersetzt und herausgegeben
von
Hartmut Walravens

BoD

FSC
www.fsc.org
MIX
Papier aus ver-
antwortungsvollen
Quellen
Paper from
responsible sources
FSC® C105338

Umschlagbild: Zentralasiatischer Filzteppich

Originalausgabe:
Leonardo Olschki: *The myth of felt*. Berkeley, Los Angeles: University of
California Press 1949.

© 2021, by H. Walravens

ISBN 978-3-7543-0512-6

Bibliografische Information der Deutschen Nationalbibliothek:
Die Deutsche Nationalbibliothek
verzeichnet diese Publikation in der Deutschen Nationalbibliografie;
detaillierte
bibliografische Daten sind im Internet über *dnb.dnb.de* abrufbar.

Herstellung und Verlag: BoD – Books on Demand, Norderstedt

Inhalt

Einleitung

Leonardo Olschki (Verona 15.7.1885–7.12.1961 Berkeley) stammte aus einer ostpreußischen Buchdruckerfamilie; seine Eltern zogen 1883 nach Italien, wo der Vater, Leo Samuel (1861–1940), Antiquar und Dante-Kenner, eine neue Existenz aufbaute. 1886 gründete er in Florenz den Verlag Casa Editrice Leo S. Olschki, der bis heute besteht und eine wichtige Rolle spielt.

Leonardo studierte in Florenz, Rom, München, Straßburg und Heidelberg Germanistik und Romanistik und promovierte 1908 bei Karl Vossler. 1913 in Heidelberg für Romanistik habilitiert wurde er 1924 auf den Lehrstuhl dort berufen. 1933 wurde er als Jude in den Ruhestand versetzt. Bis 1938 blieb er mit seiner Frau (er hatte 1923 Käte Mosse, aus der Zeitungs-Familie, geheiratet) in Italien, dann emigrierten sie in die USA. Olschki fand nur mit Mühe unbefriedigende Stellen und zog daher nach Berkeley, wo er immerhin einen Kreis von Bekannten und Kollegen antraf. Er schloß sich den Orientalisten an, bei denen er eine bescheidene Arbeitsmöglichkeit fand; 1950 wurde er jedoch von der Universität entlassen, weil er sich weigerte einen Treueid abzulegen. 1952 wurde die Entlassung zurückgenommen und Olschki lernte Chinesisch, was ihm bei seinen Forschungen zur Marco Polo und der Geschichte der Mongolen zustatten kam. Während seiner Zeit in Deutschland und Italien beschäftigte er sich mit Dante, mit der altfranzösischen Epik, dem französischen Mittelalter und der Literatur der Renaissance, in den USA dagegen vorwiegend mit Asien, Marco Polo und seiner Zeit. Exemplarisch seien von seinen Werken hier nur genannt: *Paris nach den altfranzösischen nationalen Epen.* (Heidelberg 1913); *Geschichte der neusprachlichen wissenschaftlichen Literatur.* 3 Bde. (Leipzig u.a.: Olschki 1919–1927). *Italien, Genius und Geschichte.* (Darmstadt: Wiss. Buchges. 1958). *Marco Polo's Asia.* (Berkeley: Univ. of California Pr. 1960).

Literatur:
Susanne Strobach-Brillinger: «Olschki, Leonardo». *Neue Deutsche Biographie* 19.1999, 527–528

Foto o. J.

Arthur R. Evans, Jr: Leonardo Olschki, 1885–1961. *Romance philology* 31.1977, 17–54

Anke Dörner: *La Vita Spezzata: Leonardo Olschki: ein jüdischer Romanist zwischen Integration und Emigration* Tübingen: Stauffenburg Verlag 2005. 346 S. (im Anhang Briefe an Vossler, Kristeller sowie Ernst Kantorowicz) Mit Schriftenverzeichnis.

Thomas Izbicki: Leonardo Olschki: A comprehensive bibliography. *La Bibliofilia* 88.1986, 297–308

Richard Baum: Leonardo Olschki und die Tradition der Romanistik. *Deutsche und österreichische Romanisten als Verfolgte des Nationalsozialismus* (1989), S.177–199

Eine ausführlichere Würdigung erübrigt sich hier, da mehrere kompetente Darstellungen vorliegen (s.o.), besonders auch die Biographie von Anke Dörner.

Foto 1932

Zu den Vorarbeiten für sein großes Marco Polo Werk gehören eine kleine Monographie über den Pariser Goldschmied *Guillaume Boucher* (*A French artist at the court of the Khans*. Baltimore: Johns Hopkins Pr. 1946), der am Hofe des Großchans tätig war, und eine Studie über ein lange ungelöstes Rätsel der *Göttlichen Komödie* – nämlich die Prophezeiung, daß eine große Führergestalt, ein Weltenretter, «tra feltro e feltro» geboren würde (zwischen Filz und Filz). Diese letztere, *The myth of felt* (Berkeley: University of Califonia Press 1949), wird hier als ein wissenschaftliches Kabinettstück gelungener Schlußfolgerungen in deutscher Übersetzung vorgelegt.

Die Forschungsresultate werden, fast wie bei einer Kriminalnovelle, geschickt Schritt für Schritt präsentiert, mit ausführlichen Belegen, aber so daß der Leser im Dunkeln bleibt, bis ihm die überzeugende Lösung des Rätsels geboten wird.

Das Büchlein hat durchweg positive Reaktionen gefunden; zwei Rezensionen stammen übrigens aus dem engeren Bekanntenkreis in Berkeley, von Ernst Kantorowicz und Wolfram Eberhard.

Besprechungen
W. Eberhard. *Oriens* 2.1949, 157–161
Helmut Hatzfeld. *Traditio* 7.1949, 515–516
J. E. Shaw. *Comparative literature* 2.1950, 84–87
Ernst H. Kantorowicz. *Romance Philology* 4.1950, 281–284
Charles S. Singleton. *Italica* 27.1950, 187–188

Die folgende Trauerrede von Peter A. Boodberg (1903–1972) wie auch das Porträt verdanke ich der Freundlichkeit von Alide Eberhard (1911–1994), damals in Berkeley.

Peter A. Boodberg, Agassiz Professor of Oriental Languages, Berkeley

Übrigens hat Olschki *The myth of felt* seinem Freund Boodberg (eigentlich Budberg, aus der baltischen Familie Budberg-Bönninghausen) gewidmet. Zu Boodberg vgl. *Selected works of Peter A. Boodberg.* Compiled by Alvin P. Cohen. Berkeley, Los Angeles, London: Univ. of California Pr. (1979). XIX, 501 S.

Ein Ergebnis von Olschkis Chinesisch-Studien sind die «Lieder zur Übung», die 1959 in Hong Kong gedruckt wurden:

Titelblatt des Gedichtbändchens *Lianxi qu*
von Ao Siji 奧斯基 [Olschki]

老年

老人如老馬　踟蹰在廣野
知路無人從　豎耳無人喚
常累不知因　老馬如老人

Das Gedicht *Laonian* [Alter] (aus *Lianxi qu*)
von Olschki

Leonardo Olschki, gezeichnet von Ottmar Begas (Rom 1878–1931 Neapel)

IN MEMORIAM

LEONARDO OLSCHKI

1885-1961

LEONARDO OLSCHKI

BORN IN VERONA, ITALY
ON JULY 15, 1885
DIED IN BERKELEY, CALIFORNIA
ON DECEMBER 7, 1961

*Funeral services were held in Berkeley on December 10. Organ music by Bach
was offered by Lawrence Moe. In accordance with Leonardo Olschki's
last instructions the Rabbi read Chapter One of Ecclesiastes in
Sephardic Hebrew and in English translation*

PETER BOODBERG,
devoted friend of Leonardo Olschki, then spoke the following words:

Dear Kate Olschki, dear relatives and friends:

THE ISLAND of our fellowship has been diminished by a grievous erosion, the loss to the world of a great humanist, a scholar and honored academician of broad renown and even broader erudition, a dear friend to most of us, and a kind well-wisher to us all. This is not the time or place to enumerate his immense accomplishments as a scholar, author, and wielder of words and ideas. They shall be duly recorded in the enduring world-wide annals of scholarship. We mourn him today as a dear friend, a sparkling personality of inspiring vitality, scintillating intellect, and rare magnanimity.

In the solemn hour of mourning it behooves one to speak with the accent of the ancients, rather than with the strident voice of the day. So let our text be that of a Hebrew poet, contemporary of that Chrétien de Troyes whose seminal work was the subject of Leonardo Olschki's last study, as ever penetrating, novel, and illuminating; and let Judah Ben-Solomon Al-Harizi's lines from his *Seven Young Men Discoursing on the Merits of the Several Virtues* describe in words more eloquent than any we can command our friend's worth and the range of his virtues:

*". . . And one of them said: There is no quality as good to any flesh as Culture;
for it is for his Culture that a man is honored by those that know him and loved
by those that bear him; his memorial is pleasant to all mouths and his praise is
like a tower built for an armory; such a man is a delight to the heart, for Culture
is majesty and grace unto all flesh."*

And who among us has not been affected in one degree or another by the grace
of Culture emanating from Leonardo Olschki's mind and heart, and lips
and pen?

*". . . And another one said: In this world there is no trait so sublime and glorious
to man's head as wisdom."*

Leonardo Olschki was steeped in the wisdom of the many tongues and the
many lands of our rich old world heritage, even unto that of far Cathay; and
can we ever find a trustworthier guide through the realms of wisdom of his
native land, whether in his explication of dark genius of the great Florentine
or his masterful exposition of the Venetian's panorama of an entire continent?
For Leonardo Olschki's vast erudition was illuminated with a gentle and all-
encompassing wisdom.

*". . . And another one said: Among man's good traits there is none like Modesty;
it is graceful and sublime to all the wise."*

And who among us can fail to testify to Leonardo's gentle modesty, simplicity,
and accessibility, and his genial hospitality to all, old and young, high and low.

*". . . And another one said: Verily Promptitude has no equal among virtues, and
happy is he who walks in its way; all precious qualities are but handmaids and
Promptness is like a queen to them."*

And verily everyone of us and everyone of Leonardo Olschki's friends and
correspondents throughout the world can bear witness to his *douce courtoisie*,
ever prompt and timely—and kindly—and steadfastly exercised even in the
face of delay, and forgetfulness, and careless casualness on the recipient's part.

*". . . And another one said: Know there is no quality as worthy in God's sight
as faithfulness."*

It is not ours to speak of Leonardo Olschki's touching devotion to his family,
his loved ones, and his beloved one. But ours is gratefully to acknowledge his

lifelong faithfulness to the pursuit of humanistic studies and the arts both in the joyous conviviality of scholars and in the long hours of true scholarship's great loneliness.

"... And another one said: In truth there is no precious trait in man like Courage."

And let me, for one, bear witness to Leonardo Olschki's courage, not the loud courage of the market place, but the noble and silent gallantry nurtured in the proud tradition of his race, the courage of waging the gallant fight, alone and unafraid, against contumely and injustice, and in the face of the icy insult of political chicanery that pursued him even to this peaceful shore, and of "the insolence of office," and of "the law's delay."

"... And another one said: Among all the qualities there is none as worthy as a good heart; for through it a man is beloved of all creatures, and is placed at the head of all guests. In truth there is no quality like a good heart; with it a man will flourish like a watered garden."

"And an old man heard their words and said unto them: Among all the qualities there is no quality as good as generosity; for all other qualities bow down at its feet, and it excels them all; through it all sins are forgiven and hatred is removed from the heart. It is true there are precious traits in the world, but highest of all is generosity; for other traits, though they be praiseworthy, stole their excellence from generosity."

Verily generosity of mind and heart was the crowning chaplet of Leonardo Olschki as a man, scholar, and friend. Let me solemnly bear witness that I never heard him speak but to clothe his friends with garments of praise, and observed him on all occasions rather to keep silence than utter a malicious word against an ill-wisher, detractor, or importunate fool, for malice there was none in his wise and gentle heart.

Let us now, for the last time, greet him with peace, and each of us turn to his tent, carrying away with us, each according to his measure, the memory of his kindly light far into the future unto the very day when we, too, shall vanish behind the living curtain of the past. Shalom, Leonardo.

In the Jewish tradition the reading of the Kaddish concluded the ceremony.

Einige persönliche Eindrücke teilte noch sein Neffe, der Antiquar Bernard Rosenthal, mit (Kopie eines Briefes an Anke Dörner), ebenso wie die beiden Fotos.

BERNARD M. ROSENTHAL, INC.

BOOKSELLERS

P.O.B. 5279, Berkeley, California 94705

emailed 4/16/02

PHONE (510) 549-2532 FAX (510) 549-2763

E-mail: bmrbooks@ix.netcom.com

Liebe Ms Anke Doerner,

Jetzt endlich beantworte ich Ihr e-mail vom 22. Februar, re Leonardo Olschki:

1. 1946 hab' ich selbst bei seinem Seminar über Marco Polo mitgehöhrt — den genauen Titel dieses Seminars erinnere ich mich nicht aber ich glaube der Titel entsprach dem seines Buches über Marco Polo. Ich kann Ihnen nichts Weiteres über seine Professorentätigkeit sagen, da ich meistens während diesen Jahren von Berkeley abwesend war.

2. Ich hab' den Eindruck dass seine Vorlesungen hauptsächlich von graduate students besucht wurden. Er war ja nie im Dept. of Romance Languages eingegliedert — dass er überhaupt Vorlesungen halten konnte verdankt er seinem Freund Prof. Peter Boodberg *von* ~~from~~ Dept. of Oriental Languages.

3. Integration into the teaching staff: auch hier kann ich nur von Eindrücken sprechen — sein intimster Freund war Ernst Kantorowicz (die Beiden nannten sich "Die Firma"), und auch mit Peter Boodberg und dessen Familie war er eng befreundet. Er stand auch in persönlichem Verkehr mit dem italienischen Physiker Emilio Segrè (der auch mit uns befreundet war). Ein weiterer Freund war der Musikologe Manfred Bukofzer und der Kunsthistoriker Walter Horn. Ja, seine Freundschaften waren hauptsächlich unter den deutschen und italienischen Emigrés.
    Leonardo selbst war ein äusserst sensibler Mensch und hat sich glaub' ich nicht besonders bemüht sich an die hiesige akademische Welt anzupassen (siehe unten). Er war auch verbittert, dass er nie hier in den USA eine seinem Wissen und seinem Niveau entsprechende Stellung fand — er wohnte längere Zeit in Boston/Cambridge aber Harvard hat ihn nie gerufen. Lehrstellen in Sweet Briar (Virginia) und Eugene (Oregon) hat er sicher nur aus finanziellen Gründen angenommen.

4. Loyalty Oath. Darüber kann Ihnen Muscatine viel erzählen. Haben Sie Kantorowicz's "The Fundamental Question"? Natürlich lag der Hauptgrund seiner Verweigerung in seinen Erfahrungen im Nazi Deutschland und im Faschistischen Italien.

5. Warum er nie nach Italien zurückging? That's a difficult question. Da dürfte seine Frau Kate eine Rolle gespielt haben — sie war eine waschechte Berlinerin (geb. Mosse), hat sich nie in der Familie Olschki 100% wohl gefühlt, und auch in Italien nicht. Dazu

kommt noch dass Leonardo sehr an seiner Schwester Margherita in Berkeley (meine
Mutter) hing, und auch an seiner Schwester Elvira in New York.

6. Ich erinnere mich nicht an Gespräche über Deutschland, könnte mir aber vorstellen
dass die Heidelberger Jahre für ihn die glücklichsten waren. Ich erinnere mich an einen
Besuch bei ihm anno 1928 ode4 '29 (wir Rosenthal Kinder waren eine Art "substitute
children" für die Kinder die er nie hatte), in seiner schönen Villa in Heidelberg. Er hatte
einen alten Opel, den er "Galilei" nannte. Wieso "Galilei"? fragten wir. "Eppur si
muove" antwortete er. Seine Besuche bei uns in München waren immer ein Fest — der
Heidelberger Ordinarius spielte stundenlang mit uns mit unseren Märklin Zügen…

Ich schicke Ihnen noch folgenden Auszug aus einem Brief den mir Leonardo aus Sweet
Briar, Virginia, am 17. April 1941 schrieb, nachdem ich ihm mitgeteilt hatte dass ich
mich gegen eine akademische Karriere entschlossen hatte (ich war damals 21) "… Mi
rallegro con te che hai rinunciato a una eventuale carriera accademica. Io ammiro molte
cose in questo paese e mi ci sono realmente affezionato, ma fra queste cose non è inclusa
davvero l'università americana. L'intelligenza, l'iniziativa, il progresso, le aspirazioni
morali e civili e tutto ciò che rappresenta la civiltà americana sono fuori di queste
istituzioni medievali, irrigidite in uno sterile dogmatismo positivistico e in un sistema
scolastico fossilizzato e pieno di muffa. Se vorrai raggiungere qualcosa nella vita pratica
o scientifica tienti lontano da questi ambienti e pel resto non farti pensieri…"

Also, das wär's für heute. Herzliche Grüsse, Ihr *Bernard Rosenthal*

PS. Ich schicke Ihre Fragen auch meinem älteren Bruder Felix, der Ihnen wahrscheich
noch weitere Informationen Geben kann.

Bernard Rosenthal beim Gespräch in Berkeley (2003)

Leonardo Olschki

Der Mythos Filz

I

Der erste Canto der Divina commedia enthält, wie bekannt, die grundlegende Allegorie des Poems und drückt auch Dantes moralische Absichten und politische Ansichten in einer Folge von geisterhaften Bildern und kryptischen Anspielungen aus.

Obwohl mit zarten und eindrucksvollen dichterischen Episoden garniert, neigt dieser dramatische Prolog zum Poem der menschlichen Erlösung eher dazu, den unvorbereiteten Leser zu erschrecken und zu erstaunen statt zu inspirieren und zu ermutigen. Der Dichter hat den Scharfsinn seiner Interpreten bis zu einem solchen Grade gefordert, daß einige seiner verhüllten Ausdrücke und orakelhaften Andeutungen sechs Jahrhunderte lang zahllosen Versuchen einer zufriedenstellenden Erklärung widerstanden haben.

Das «Geheimnis» des Cantos, und vielleicht des ganzen Poems, ist in Dantes Prophezeiung der Kommens eines politischen Erlösers enthalten, der als *Veltro*, Windhund, bezeichnet wird.[1] Er wird Italien, Rom und die Welt von der Tyrannei der Wölfin, der unersätlichen Gier der Päpste und Fürsten, befreien. Dieser Retter der Menschheit wird eher ein geistlicher Führer denn ein Eroberer von Ländern oder ein gieriger Raffer von Reichtümern sein:
Questi non ciberà terra né peltro,
Ma sapienza, amore e virtute;
Inferno, I,103–104
(Er wird sich nicht vom Land noch von Beute nähren,
Sondern von Weisheit, Liebe und Tugend.)

---

1   Literatur über Veltro in G. Scartazzinis *Enciclopedia Dantesca* (Milano 1896–1906), Artikel Veltro; neuere Veröffentlichungen sind im *Bulletino della Società Dantesca Italiana* und in den bibliographischen Sektionen des *Giornale Dantesco* und der *Studi Danteschi* verzeichnet.

Was seine Herkunft betrifft, so ist sie vage beschrieben als *tra Feltro e Feltro*:
E sua nazion sarà tra Feltro e Feltro.
            Ibid., 105
(Zwischen Feltro und Feltro wird seine Nation sein.)

Diese Version mit dem Anfangsbuchstaben «F» wird von den meisten neueren Herausgebern des Poems akzeptiert, und wurde in gewissem Maße abgesegnet durch die kritische Ausgabe der Italienischen Dante-Gesellschaft, die 1921 anläßlich des 600. Todestages Dantes erschien. Dementsprechend sind alle englischen Übersetzungen des Passus lediglich Varianten der zitierten Formulierung Longfellows.[2] Dadurch ist die Ankunft des Veltro in geographischen Begriffen beschrieben und umschrieben mit zwei italienischen Ortsnamen, die die Heimat des erwarteten nationalen oder Weltherrschers bezeichnen. Um dann in mittelalterlicher Weise zu sprechen, seine Macht würde sich über so etwas wie das Heilige Römische Reich, natione italica, erstrecken, ohne die Apanage einer deutschen Dynastie zu sein. Überdies würde er von norditalienischer Geburt sein, wenn man annimmt, daß eines der beiden «Feltros» eine Variation von Feltre, einer kleinen Stadt im venezianischen Festland am Fuße der Alpen, und das andere eine abgekürzte Form von Montefeltro ist, einem Schloß in der Romagna und der Wiege einer abenteuerlustigen und brillanten regionalen Dynastie.

Auf Grund dieser Annahmen ist es ganz vernünftig, den Veltro mit Cangrande della Scala, dem stolzen und mächtigen kaiserlichen Statthalter von Verona, zu identifizieren, dem Dante sein Paradiso widmete und dessen Tapferkeit und Tugend er in einem ähnlichen prophetischen Ton in der gleichen Sektion seines Poems pries.[3] Diese Identifikation würde bestätigt durch die Bezeichnung des künftigen Befreiers als ein Veltro, als ein Windhund, der mit dem italienischen Namen des Can Grande, des Großen Hundes, gleichbedeutend ist. Das ist natürlich ein ziemlich offensichtliches Wortspiel. Bis zu einem gewissen Grade würde es durch die gewöhnlichen unklaren Worte einer prophetischen Sprache gerechtfertigt. Darüber hinaus waren nach mittelalterlicher Auffassung Wortspiele nicht

---

2   'Twixt Feltro and Feltro shall his nation be.
3   *Paradiso*, XVI,70–92.

immer bloße Worttricks. Eine philosophische Vorstellung, daß «Namen die Folge von Dingen», verlieh dem Klang und der Form der Wörter eine geistliche Funktion und einen erhellenden Wert.[4] Dieser Umstand erläutert den Mißbrauch von Etymologien, Wortanalogien und dialektischen Wortspielen im scholastischen Denken und Argumentationsmethoden.

Cangrandes Name ist selbst ein bedeutsames Wortspiel. Er bezieht sich auf den Spitznamen seines Großvaters Mastino – Mastiff, Bulldogge – und beschwört gleichzeitig absichtlich den legendären Ruhm der Großen Chane der Tartarei herauf, über die damals in Italien viel gesprochen wurde.[5] Die Berichte der ersten Missionare, die Erzählungen der Händler, die im Nahen Osten reisten, und nach 1298, Marco Polos Buch schienen die Legende vom Priester Johannes zu bestätigen, dem mächtigen Herrscher von Asien, dessen Frömmigkeit und Bescheidenheit seinem Reichtum und seiner Macht gleich sein sollten.[6] Die Verschmelzung der Legende des Priesters Johannes und der Saga von Dschinggis Chan und seinen Nachfolgern in der mittelalterlichen Vorstellung und Literatur wurde schon vor langer Zeit dargetan.[7] In neuerer Zeit wurde der Brief des Priesters Johannes, der 1165 von einem anonymen Schreiber gefälscht und an Manuel Comnenus und Friedrich Barbarossa adressiert worden war, als eine politische Flugschrift utopischen Charakters erkannt, die einige fundamentale Prinzipien von Dantes Abhandlung Über die Monarchie vorausnahm und folglich ihre dichterische Entwicklung in der Göttlichen Komödie.[8] Auf dieser Grundlage scheint alles gut und schlüssig zu einer befriedigenden Lösung des ehrwürdigen althergebrachten Rätsels zusammen zu passen.

Es ist jedoch sicher, daß die frühen Interpreten des Poems nie Cangrande della Scala als die lebende Verkörperung von Dantes Erwartungen

---

4   Dante: *Vita nuova*, Kap. 13, nach Aristoteles (*Metaphys.* V,5 usw.), oder Thomas von Aquin (*Sententiarum lib.* II,9,1.4 usw.) oder weiter die mittelalterlichen astrologischen Schriftsteller, die G. Boffito erwähnt: Il «de Principiis Astrologiae» di Cecco d'Ascoli. 1903, S.15 ff.

5   Vgl. des Autors *Storia letteraria delle scoperte geografiche*. Firenze 1937, 194ff.

6   Vgl. A. Bassermann: Veltro, Groß-Khan und Kaisersage. *Neue Heidelberger Jahrbücher* 10.1900, 28–75.

7   Vgl. F. Zarncke: Der Priester Johannes. *Abhandlungen der phil.-hist. Classe der Kgl. Sächsischen Akademie der Wissenschaften* 1879, bes. Kap. 4.

8   Vgl. des Autors Aufsatz: Der Presbyter Johannes. *Historische Zeitschrift* 1931, S. 1 ff.

erwähnten, noch die geographische Erklärung «zwischen den beiden Feltros» herausarbeiteten. In Dantes eigenem Jahrhundert gab es eine generelle Übereinstimmung, daß *feltro* als «Filz» aufgefaßt werden müsse, obwohl niemand je seine Funktion und Bedeutung in Vergils feierlicher Prophezeiung zu verstehen vorgab. Für den normalen mittelalterlichen Leser wie für die modernen gelehrten Kommentatoren des Poems ergab es keinen Sinn, daß die bescheidenste damals in Gebrauch befindliche Form von Stoff mit dem Ideal eines Weltherrschers, einer Erneuerung des Goldenen Zeitalters in Verbindung stehen sollte. In der Tat, während Tierfelle und Pelze im Mittelalter als königliche Attribute erscheinen, wie zum Beispiel der «peliçon d'hermine»[9] und als Attribute des Adels, wie in der viel gebrauchten Formel «de vair et le gris», blieb Filz ein plebejisches Erzeugnis und ein Symbol der Barbarei, der Armut und, wenn schon, der Verachtung. Aus diesem Grunde mußten Juden manchmal ein Stück Filz auf ihren Obergewändern tragen und Büßer trugen ein Hemd aus diesem Stoff auf ihrem Körper.[10] In den germanischen Sprachen wurde eine Ableitung dieses Namens, filzig, gleichbedeutend mit garstig, gemein und geizig, etwas ganz anderes als «sapienza, amore e virtute» in Dantes verblüffendem Terzett.[11]

Derselbe Kontrast erscheint in Ländern, die durch höhere Zivilisation und der geschätzten Verwendung von teuren und edlen Materialien gekennzeichnet sind. Wir erfahren aus den von Berthold Laufer gesammelten Daten[12], daß lange nachdem Filz in China eingeführt und hergestellt wurde, er dort als ein fremdes Produkt barbarischer Herkunft und Typs betrachtet wurde. Als der berühmte chinesische Reisende Faxian die nördliche Grenze seines Landes im Jahre 399 überquerte, fand er sich in einer barbarischen Umgebung, sobald er den ausgiebigen Gebrauch von Filz unter der nomadischen Bevölkerung der Region bemerkte.[13] Im Mittelalterlichen Europa gehörte Filz, das ist wahr, zur Ausrüstung eines

---

9   Beispiele in F. Godefroys *Dictionnaire de l'ancienne langue française.*
10   Vgl. Du Cange: *Glossarium* usw., Bd III, S.429, Sp.2.
11   Für klassische Beispiele vgl. Grimm: *Deutsches Wörterbuch*, Artikel filzig.
12   *The early history of felt.* 5. Aufl. Chicago 1937. Dies ist ein wenig gekürzter Abdruck aus *The American Anthropologist* 32.1930, 1ff.
13   Viele Hinweise auf Filz auch in W. Eberhard: Kultur und Siedlung der Randvölker Chinas. *T'oung Pao* Suppl. zu Bd 37.1942.

Ritters als Satteldecke[14] oder als Unterlage für die Lanze, wenn sie am Brustpanzer des Küraß befestigt wurde.[15] Als solche wurde er vielfach in der Dichtung in Verbindung mit ritterlichen Taten erwähnt[16], aber ohne irgendeine besondere symbolische Bedeutung.

Im öffentlichen Leben der italienischen Stadtstaaten wurde Filz zum Füttern der Wahlurnen bei politischen und administrativen Abstimmungen verwendet. Diese Vorsichtsmaßnahme war durch Gesetz vorgeschrieben, um die Geheimhaltung der Stimmen zu gewährleisten, die durch den Einwurf kleiner Metallkugeln in die hölzernen Kästen abgegeben wurden. Aus diesem Gebrauch leitete der letzte Interpret des viel strapazierten Verses ab, daß der apokalyptische Befreier ein gewählter Führer und nicht einer sei, der durch die Kraft der Waffen oder durch Erbfolge zur Macht kommen würde.[17] Aber diese ingeniöse Erklärung ist kaum akzeptabel, nicht nur weil man nicht weiß, ob Filz auch generell zur Geheimhaltung der kaiserlichen oder päpstlichen Wahlen verwendet wurde, sondern besonders weil Dante von Veltros Geburt – nazion – und nicht von seiner Wahl oder Verkündung spricht. Ein Souverän, wie Dante ihn sich vorstellte, wurde durch Akklamation «geschaffen» und nicht in einer Wahlurne.[18] Seine Einsetzung erfolgte mit verschiedenen Zeremonien, wie zum Beispiel der Erhebung auf den Schild oder «die berühmte merowingische Fahrt im Ochsenkarren».[19] Filz hatte jedoch keinen Teil an diesen symbolischen Riten, die zu Dantes Zeiten lange vergessen waren.

Die frühen Kommentatoren des Gedichtes suchten daher nach anderen Quellen, um die Erwähnung des Filzes in Vergils prophetischer Anspielung zu erklären. Als 1373 die Republik Florenz Giovanni Boccaccio zum öffentlichen Redner über die Divina Commedia ernannte, bot er seinen Zuhörern in der kleinen Kirche Santo Stefano, neben dem Ponte Vecchio, diese Bemerkung: «Einige andere geben «tra feltro e feltro» eine verschiedene Erklärung und sagen, daß ein Beispiel des Wandels im

---

14 Vgl. den *Sachsenspiegel* (13. Jahrh.), Bd 3, Art. 89.
15 Beispiele bei Godefroy, a.a.O., Art. *fautre*. Im Altertum scheint Filz zur Fütterung von Schilden benutzt worden zu sein. Vgl. W. Kimmig: Ein Keltenschild in Ägypten. *Germania* 24.1940, 106–111.
16 Im Ausdruck *lance sur fautre*.
17 Vgl. A. Regis in *Studi Danteschi* 4.1921,85ff.
18 Vgl. E. Kantorowicz: *Laudes regiae* (Univ. Calif. Publ. Hist. 33.1946, 76ff.)
19 Ebenda.

menschlichen Wesen, und von Habsucht zu Großzügigkeit, zuerst in der Tartarei zu finden sei, d.h. im Reich der Mitte, wo, wie man glaubt, der größte Reichtum und die größte Menge der Schätze der ganzen Welt angesammelt seien. Das Argument, mit dem sie ihre Meinung unterstützen, ist von einem alten Brauch der tartarischen Kaiser zu berichten (deren Pracht und Reichtümer unglaublich sind). Wenn sie sterben, dann trägt einer aus ihrem Gefolge durch das Land ihres Todes ein Stück Filz, das auf einer Stange befestigt ist, und ruft aus: «Das ist das, was der tote Kaiser von all seinen Reichtümern mitnimmt.» Danach wird die Leiche des Kaisers in diesen Filz gewickelt und ohne weiteren Schmuck beerdigt. So erklären sie, daß Veltro in der Tartarei geboren würde, «tra feltro e feltro», d.h. während der Herrschaft eines dieser Kaiser, der zwischen dem einen Filz, der beim Tode seines Vorgängers und dem andern, das nach seinem eigenen Tode gebraucht würde.»[20]

II

Boccaccio erzählt diese Geschichte wie es jemand tun würde, der immer an Anekdoten und den merkwürdigen Aspekten von menschlichem Leben und Erfahrung interessiert ist; aber er ist skeptisch in Hinsicht auf ihren Beitrag zur Interpretation von Dantes Bedeutung. Er berichtet nur, was er von anderen gehört hat und läßt das Problem ungelöst. Menschliche Dinge sind so verwickelt und insgeheim verbunden, daß es unklug wäre, eine Hypothese beiseite zu schieben nur weil sie weit hergeholt und schwer zu glauben ist. Indem er die Begräbnisriten der tartarischen Kaiser mitteilte, war Boccaccio, wenn auch mit einem ungläubigen Seitenblick, weise genug, die Geschichte dem Zweifel zu überlassen. Indem er so handelte, bewahrte er ein merkwürdiges Zeugnis des lebhaften Interesses am Fernen Osten, das bei seinen Landsleuten vorherrschte und bestätigte die weite Verbreitung asiatischer Legenden sowie der Kenntnis historischer Tatsachen in Europa.

Sein Bericht enthält eklatante Beweise für die Zuverlässigkeit seiner Informanten. Die Anspielung auf den unglaublichen Reichtum der tartarischen Kaiser entspricht den Beschreibungen Marco Polos hinsichtlich

---

20   Vgl. G. Boccaccio: *Il comento alla Divina Commedia,* a cura di D. Guerri. Bari 1918. (Scrittori d'Italia.), Bd. 1, S. 193.

Kublai Chans China.[21] Dieses Land wird von Boccaccio als *Imperio di mezzo* bezeichnet und so korrekt unterschieden von der Tartarei, die damals eine Provinz des Yuan-Reiches war. [22] Nirgendwo sonst in westlichen mittelalterlichen Quellen wird China mit seinem richtigen Namen „Land, oder Königreich, der Mitte" genannt. Sogar nachdem Bruder Wilhelm von Rubruck zuerst 1253 entdeckt hatte, daß die Chinesen die Seres des Altertums waren[23], und trotz der unmittelbaren Erfahrung europäischer Händler und Missionare in diesem Land, wurde nur der Name Cathay in der westlichen mittelalterlichen Geographie und Literatur verwendet.[24] Es ist auch unter diesem Namen, daß China im Dekameron[25] erwähnt wird. Nun erscheint der Name, der in der frühfeudalen Epoche der chinesischen Geschichte zur Bezeichnung der unabhängigen Zentralstaaten geprägt worden war, zum ersten Mal in einem europäischen Text, nur um wieder zugunsten von anderen mehr oder weniger angemessenen Namen[26] zu verschwinden. Boccaccio muß diesen

---

21 Kap. LXXIV ff. von *Il Milione*, a cura di L. Foscolo Benedetto (Firenze 1928) und Kap. LX ff. von *The Book of Ser Marco Polo.* 2 Bde, übersetzt und hrsg. von Col. Sir Henry Yule. 3. Ausg. (London 1021).

22 Der letzte Kaiser, der in der eigentlichen Mongolei residierte, war Mangu Chan, der sich 1259 nach China begab, und dem, nach seinem Tod im selben Jahr, sein Bruder Kublai, der Peking zur Hauptstadt des Reiches machte, nachfolgte.

23 *The journey of William of Rubruck*, transl. and ed. by W. W. Rockhill. London: Hakluyt Society 1900, S. 155.

24 Beispiele in Col. H. Yules *Cathay,* neue vierbändige Ausgabe, revidiert von H. Cordier. London: Hakluyt Society 1914–1916. Bd I, S. 11 ff.

25 *Decameron*, Giornata X, Novella III. Die hier erzählte Geschichte soll chinesischen Ursprungs sein, wird aber von modernen Gelehrten einem Zyklus persischer Geschichten zugeschrieben.

26 Zu den chinesischen Bezeichnungen von China vgl. die Bemerkungen von S. Wells Williams: *The Middle Kingdom*, rev. ed. New York 1913, I, 14 ff. Weiterhin vgl. B. Laufer und P. Pelliot in *T'oung Pao* 13.1912, 719 ff. und 726 ff. Das tatarische Chanat von Chagatai oder Transoxanien, das zwischen China und Persien lag, wurde auch Das Mittlere Reich oder *Imperium Medium* genannt. Auf einigen westlichen Karten oder Dokumenten des Mittelalters, wurde es irrtümlich als Reich der Meder erwähnt. Vgl. Yule: *Cathay.* Bd. III, S. 85, N. 3. Aber Boccaccio denkt an Kublai Chans Reich und nicht das provinzielle und wenig bekannte Chanat des Chagatai. Die offizielle Bezeichnung Chinas als ein „Mittleres Reich", *zhongguo* 中國) kommt vielleicht in der Form Choncha in Marco Polos Beschreibung der Provinz Fujian vor (vgl. die franco-italienische Version veröffentlicht von L. Foscolo Benedetto

ungewöhnlichen Namen von einem der wenigen italienischen Kaufleute gehört haben, die in engeren Kontakt zu der einheimischen chinesischen Bevölkerung gekommen waren als es den Missionaren je gelang.[27] Es scheint sicher, daß Johannes von Monte Corvino, der erste Bischof von Peiping, und die Weihbischöfe und Missionare in Südchina ihre missionarische Tätigkeit und Seelsorge zumeist unter den Christen und ausländischen Bevölkerungen des Fernen Ostens, besonders unter Nestorianern, Alanen, Armeniern und Anhängern anderer asiatischen Sekten ausübten.[28]

Wie dem auch sein mag, wenn der Name Mittleres Königreich richtig ist, so gibt es nichts in den Begräbnisriten der Yuan-Kaiser, das Boccaccios Bericht über die angebliche Bekanntmachung des Todes eines Kaisers mit einem symbolischen Stück Filz auf einer Stange belegt. Obwohl die Begräbnisstätte der Dschingisiden-Kaiser bis auf unsere Zeit geheim gehalten wurde und eine Anregung für viele Legenden und einen Anreiz für viele fruchtlose Nachforschungen bildete, ist authentisch genug über ihre Begräbniszeremonien bekannt, um die Zuverlässigkeit solcher Erzählungen zu widerlegen.[29] Ohne in Details zu gehen, die in chinesischen, mongolischen persischen Quellen überliefert sind und den westlichen Reisenden und Gelehrten der damaligen Zeit unbekannt waren, können wir feststellen, daß keine Spur dieses Ritus in den ausführlichen Beschreibungen eines kaiserlichen Begräbnisses, wie sie in den Berichten mittelalterlicher Reisender in Asien enthalten sind, vorhanden ist.

(Florenz 1928), Kap. CLVII, S. 156. und Yule: *The Book of Ser Marco Polo*, 3rd. ed. Bd. II, S. 232). Marco Polo war sich der Bedeutung des chinesischen Namens nicht bewußt, der nicht von der mongolischen Verwaltung benutzt wurde, aber wahrscheinlich noch in den geschäftigen Seehäfen Südchinas zu hören war.

27   In der oben erwähnten *novella* (Note 25) behauptet Boccaccio sich auf das zu stützen, was er von „einigen Genuesen und anderen Leuten, die in dem Land gewesen waren" gehört hatte.

28   Zu der ganzen Frage vgl. A. C. Moule: *Christians in China before 1550*. London 1930.

29   Für die hitzig debattierte Frage nach Dschingis Chans Begräbnisstätte und der seiner Nachfolger, vgl. die Daten und umfassenden Diskussionen von A. J. H. Charignon: *Le Livre de Marco Polo*. 3 Bde. Peking 1924. Bd. I, S. 192 ff. Über die alten mongolischen und chinesischen Quellen der Information vgl. E. Haenisch: Die letzten Feldzüge Cinggis Hans und sein Tod. *Asia Major* 9.1933, S. 503 ff.

Im Gegenteil, Pater Johannes von Pian del Carpine, allgemein bekannt als Carpini oder de Plano Carpini, der über eine realistische Ansicht der asiatischen Gebräuche und Angelegenheiten verfügte, stellte in seiner *Historia Mongalorum* fest, daß große Mengen von Gold und Silber mit den Kaisern begraben wurden,[30] ein Umstand, der die außerordentlichen und sogar brutalen Vorsichtsmaßregeln seitens der Behörden erklärt, den Begräbnisort geheim zu halten.[31] Des Paters Zeugnis ist besonders wertvoll, weil er im kaiserlichen Lager bei Karakorum am 22. Juli 1246 ankam, gerade rechtzeitig, um als päpstlicher Gesandter der Wahl des Güyük Chan beizuwohnen. Dort konnte er sehen, wie „sie vor ihm gewisse schöne Stäbe mit roter Wolle am Ende neigten, was bei keinen anderen Häuptlingen geschah."[32] Diese Insignien, die gezeigt wurden, wann immer der Kaiser anwesend war, entsprechen kaum Boccaccios Filzsymbolen und gehörten nicht zu den Begräbnisriten der Dschingisiden-Dynastie. Wie Dschingis Chans Banner und die neun Yakschwänze seiner Standarte waren diese wollenen Büschel Symbole der kaiserlichen Würde und nicht der Vergänglichkeit menschlicher Macht und Reichtum.

Pater Johannes und die unzähligen Gesandten aus allen Weltteilen, die sich im Lager am oberen Orchon versammelt hatten, sahen all die äußeren Einzelheiten des Zeremoniells, wurden aber zu der Wahl selbst nicht zugelassen.[33] Dieser eindrucksvolle *kuriltai* fand in einer Art streng bewachten Konklave mongolischer Häuptlinge statt, „während alle anderen Leute sich fern von dem Zelt befanden." Der Missionar hatte keine direkte Kenntnis der Riten, die beim Begräbnis von Güyüks Vorgänger Ogudai vollzogen wurden, der 1241 gestorben war, fünf Jahre vor der Wahl des neuen Kaisers, zu einer Zeit, da sich die Hauptmasse des mongolischen Heeres und die einflußreichsten Häuptlinge in Ungarn, Dalmatien, und vor den Toren von Italien befanden. Daher liefert P. Johannes' *Historia*

---

30 Vgl. A. van den Wyngaert: *Sinica Franciscana.* Quaracchi 1929. Bd. I, S. 44, und Rockhill, a.a.O., S. 80, N. 3.

31 Die Geschichte ist erzählt für Mangu Chans Tod und Begräbnis von Marco Polo (Yule: *Book of Ser Marco Polo.* Bd. I., S. 246), der berichtet daß „mehr als 20000 Personen, die zufällig der Leiche auf dem Wege begegneten, auf der Stelle getötet wurden".

32 Vgl. *Sinica Franciscana.* Bd. I, S. 118; Rockhill, a.a.O., S. 21.

33 Ebenda, S. 116 ff. bzw. S. 18 ff.

Mongalorum, obwohl so wertvoll und faszinierend in vieler Hinsicht, keinen
Beitrag zum Verständnis der von Boccaccio erwähnten und der ver-
mutlich in Dantes doppelter Anspielung auf Filz reflektierten Einzelheiten.
Andererseits bezieht sich Boccaccios Geschichte, obwohl insgesamt
legendenhaft, auf einige authentische Aspekte mongolischer Gebräuche
und Traditionen, die aus verschiedenen Quellen bekannt sind. Sie ist auch
interessant als typisches Beispiel dafür, wie Legenden entstehen und sich
entwickeln.

III

Um mit dem auf einer Stange befestigten und beim Tod eines Kaisers
gezeigten Stück Filz zu beginnen, so scheint es offensichtlich, daß es einen
allgemeinen mongolischen Brauch widerspiegelt, wie er von P. Johannes
beschrieben wird, der berichtet, daß «wenn einer von ihnen todkrank wird,
ein Speer an seinem Zelt aufgesteckt wird und man darum schwarzen Filz
wickelt; und danach darf kein Fremder die Grenzen seiner Wohnstätte
betreten»[34]. Bruder Wilhelm von Rubruck, der in der Tartarei von Juni
1253 bis Ende 1254 reiste und lebte, erklärt diese Warnung mit ihrer
«Furcht, daß ein böser Geist oder Wind mit den Eintretenden kommen
könne.»[35] Es muß ein Zeichen dieser Art auch beim Zelt des toten Kaisers
gewesen sein, so wie eine Flagge auf Halbmast in ähnlichen Umständen
in unserer Hemisphäre. Im mongolischen Reich wurde ein Mitglied der
Dynastie mit seinem Filzzelt in einer Einfriedung begraben, die von Be-
waffneten bewacht wurde.

Die vom Filz gespielte Rolle bei Begräbnisriten der Dschingisiden-
Dynastie und des Adels hat sowohl eine praktische wie auch symbolische
Funktion. Filz ist das allgemein verwendete Material aller nomadischen
Stämme Asiens und darüber hinaus noch das charakteristische Kennzei-
chen ihrer rudimentären Hirtenzivilisation.[36] Er wurde in unterschied-
lichen Qualitäten, Formen und Farben verwendet für die Herstellung von
Zelten und Waffen, von Kleidung und Teppichen, von Matten und Ma-

---

34   *Sinica Franciscana*. Bd. I, S. 42.
35   Ebenda, S. 187; Rockhill, a.a.O., S. 83.
36   Über die verschiedenen Verwendungen von Filz bei den Mongolen vgl. Rockhill,
     a.a.O., S. 71, N. 2 und S. 72, N. 1. Einige weitere Details in H. H. Howorths *History
     of the Mongols*. London 1927, Pt. IV, Kap. 2.

tratzen, Decken und Türvorhängen, Stiefeln, Kopfbedeckungen und vielen anderen Gegenständen des Alltagslebens in Krieg und Frieden. Alle technischen Einzelheiten der Herstellung und des Gebrauchs von Filz sind bekannt[37], wie auch (zumindest im allgemeinen) die Entwicklung seiner künstlerischen Bearbeitung bei den mongolischen, türkischen und tibetischen Stämmen.[38] Sein Gebrauch im religiösen Zeremoniell ist belegt durch Filzidole, die in jeder Wohnung aufbewahrt und von allen mittelalterlichen Reisenden als ein charakteristische Zug des einheimischen mongolischen Gottesdienstes[39] erwähnt wurden, im Gegensatz zu den wertvollen Materialien, die in lamaistischen Tempeln und manchmal in den nestorianischen Kirchen der Tartarei und des Fernen Ostens Verwendung fanden. Filz war ein so bedeutendes Kennzeichen des Lebens dieser Völker, daß als Dschingis Chan eine umfassende Bezeichnung für die vereinten türkisch-mongolischen Stämme Asiens wählte, er sie in offiziellen Handlungen und Proklamationen «die Generationen, die in Filzzelten leben» nannte, zum Unterschied von den eroberten, unterworfenen und tributpflichtigen Nationen des Ostens und Westens, die sich durch eine höhere und mehr seßhafte Zivilisation auszeichneten.

Doch dieses bescheidene Material hörte auf, ausschließlich im mongolischen Leben verwendet zu werden, als der Kontakt mit China, Iran, Kleinasien und Byzanz die Eroberer mit Seide, künstlerischen Stickereien, persischen Brokaten, Wollzeug und Textilien aller Arten, einschließlich Baumwolle und seltener Leinen[40] bekannt machte und sie diese lieb ge-

---

37   Vgl. Laufer: *The Early History of Felt* (s.o.).
38   Vgl. W. Meister: Zur Geschichte des Filzteppichs im ersten Jahrtausend. *Ostasiatische Zeitschrift* 1936, S. 56 ff. Der Artikel stützt sich hauptsächlich auf die wichtigen Teppichfragmente, die Sir Aurel Stein und P. Kozlov ausgegraben hatten und die kunstvolle Muster von ornamentiertem Filz zeigen, der vom zentralasiatischen Adel gebraucht wurde.
39   Zu mittelalterlichen Filzidolen vgl. die Berichte der Missionare in *Sinica Franciscana*, Bd I, S. 36, 174, 286, 490, und Rockhill, a.a.O., S. 58, 59, 149. Rubruck informiert uns, daß eine besondere Sekte «macht Bilder ihrer Toten in Filz und kleidet sie in die reichsten Zeuge, und stellt sie in ein oder zwei Wagen, und niemand wagt diese Wagen zu berühren, die in der Obhut ihrer Wahrsager stehen.» Marco Polo beschreibt die Filzidole im Zusammenhang mit «Der Gott der Tartaren», Yule: *Book of Ser Marco Polo*. Bd. I, S. 256 ff.
40   «Die Kleider der reichen Tartaren» sagt Marco Polo, «sind zumeist aus Gold- und Silberstoffen, gesäumt mit kostbaren Pelzen wie Zobel und Hermelin, Eichhörn-

wannen. Wir erfahren von den Missionaren von enormen Mengen solch wertvollen Materials, das in die Mongolei importiert wurde, und sich durch die mongolischen Häuptlinge, die mit den Kaisern in der Zurschaustellung luxuriöser Textilien[41] wetteiferten, über ganz Asien verbreiteten. In weniger als einem Jahrhundert wurde sogenannter «tartarischer Stoff», nie in der Tartarei hergestellt, für europäische Völker so repräsentativ für die asiatische Zivilisation wie Filz es in der vorigen Ära gewesen war.[42] Tatsächlich zeigen authentische zeitgenössische Beschreibungen der Residenz eines Dschingisiden Souverains oder Häuptlings deutlich, daß Filz fast ganz verschwunden war zugunsten kunstvollerer und kostbarerer Materialien. Marco Polo erwähnte Filz nur beiläufig[43], und er wird völlig vernachlässigt als Ware von Francesco Balducci Pegolotti, der um 1340 einen Bericht über den westlichen Handel mit Zentral- und Ostasien schrieb.[44] Mit dem Verschwinden des Filzes aus der verfeinerten Umgebung reicher Mongolen, stiegen seine symbolische Funktion und Bedeutung proportional mit dem Niedergang seines höfischen Gebrauchs. Eine Generation nach Dschingis Chan gab es kaum einen Gegenstand in einem kaiserlichen Palast oder Zelt, der in der Mongolei hergestellt war. Filz erschien da nur als Türvorhang, der den Eingang zur Wohnung schützte

---

chen und Fuchs, in der üppigsten Weise.» Vgl. Yule, a.a.O. Über persische Textilien, Wollstoffe, Baumwolle, vgl. B. Laufer: *Sino-Iranica.* Chicago 1919. Jüngste Ausgrabungen und viele Hinweise in chinesischen historischen Werken belegen, daß türkische Herrscher und der Adel von Zentral- und Ostasien die kostbaren Textilien von China und Iran schätzten, die als Kleider, Behänge, Teppiche und Dekorationen in ihren Wohnungen Verwendung fanden. Über verzierte Filzmützen vgl. Rolf Stein: «Leao Tche». *T'oung Pao* 35.1939, S. 77.

41   Vgl. die Aufzählung der Textilien, die Güyük Chan bei seiner Wahl erhielt, wie beschrieben von Johannes von Pian del Cárpine. *Sinica Franciscana.* Bd. I, S. 120, und die Hinweise in Marco Polos Beschreibung von Kublai Chans Hof.

42   Vgl. P. Toynbee: Tartar cloths. *Romania* 29.1900, S. 559 ff. und des Autors kleines Buch über *Guillaume Boucher.* John Hopkins University Press 1946, S. 18 ff.

43   In Verbindung mit den Filzzelten (Yule: *Book of Ser Marco Polo.* Bd. I, S. 252) und den tartarischen Idolen (s.o.).

44   Francesco Balducci Pegolotti: *La pratica della mercatura,* hrsg. v. A. Evans. Cambridge, Mass.: Mediæval Academy of America 1936; Italien und Westeuropa hatten keinen Bedarf, Filz von östlichen Ländern zu importieren. Filz ist nicht als Ware des Osthandels im 12. und 13. Jahrhundert verzeichnet in Chao Ju-kuas *Chu-fan-chi* (tr. and comm. by F. Hirth and W. W. Rockhill). St. Petersburg 1911.

und so teil hatte, wie jede Tür in asiatischen Zelten und Wohnstätten, an der Heiligkeit der unverletzlichen Schwelle. Unter dem wachsenden chinesischen, tibetischen, christlichen und muslimischen Einfluß an den mongolischen Höfen von Shangdu in der Nähe des Dolon-Nor zum Sarai an der Wolga, blieb dieser Vorhang eines der wenigen nationalen Symbole, die die mächtigen und luxusliebenden Herren mit «allen Generationen, die in Filzzelten leben» und mit den alten Traditionen der nomadischen Stämme verbanden.

Deshalb erlangte der Gebrauch von Filz bei feierlichen Begräbnissen der Dschingisiden-Dynastie eine besondere Bedeutung, die indirekt enthüllt wird durch einige verläßliche und beeindruckende orientalische Dokumente. Im ersten Supplement zu der berühmten Enzyklopädie, die Ma Duanlin nach 1279 zusammenstellte, zeigt eine ausführliche Beschreibung eines kaiserlichen Begräbnisses der mongolischen Epoche den ausgebreiteten Gebrauch von Filz in der Zeremonie.[45] Wir erfahren, daß «der Leichenwagen von weißem Filz war und Vorhänge von blauem und grünem *nashishi* hatte, und der Sarg auch mit solchem Material bedeckt war.»[46] Während der perlenbestickte Brokat um den Wagen herum ein typisches Attribut der kaiserlichen Würde ist, war der weiße Filz sicherlich in der Farbe und wahrscheinlich auch im Material, ein Ausdruck der Trauer. So waren an der Westgrenze des mongolischen Reiches, alle Minarets und Kanzeln der Moscheen von Täbriz mit blauem Filz bedeckt, als die Hauptstadt der Ilchane im Dezember 1316 den Tod des Öljeitü, des Dschingisiden-Herrschers des Iran, betrauerte.

---

45 Vgl. E. T. C. Werner in der chinesischen Sektion von H. Spencers *Descriptive Sociology*. London 1910, S. 161, Sp. 3, wo der ganze Passus aus der Chinesischen Enzyklopädie in englischer Übersetzung zitiert wird. Die gleiche Geschichte in *Xu Tongzhi*, Kap. 118, Ausgabe der Commercial Press, S. 3962a. Über dieses Werke, wie auch Ma Duanlins Enzyklopädie vgl. Ssu-yü Têng und Knight Biggerstaff: *An annotated bibliography of selected Chinese reference works*. Peiping: Yenching University 1936, S. 131 ff.

46 Nashishi [納石失 für persisch *nasij*] waren perlenbestickte Brokate, die häufig erwähnt werden in chinesischen Texten der Mongolenzeit; vgl. Pelliot in *Journal asiatique* 211.1927, S. 269 und 278. Weitere Einzelheiten und Literatur im Buch des Autors über Guillaume Boucher, S. 18 ff. Für blauen Filz als Zeichen der Trauer vgl. J. Hammer-Purgstall: *Geschichte der Ilchane*. 2 Bde. Darmstadt 1842. Bd. II, S. 241. Blau war die Farbe des «Ewigen Himmels» der Mongolen.

Die orthodoxe mongolische Tradition ist jedoch in höchst wünschenswerter Vollständigkeit in einer Miniatur des berühmten Pariser Manuskripts von Rašīd al-Dīns Jāmi' at-Tawārīḫ, illustriert unter direktem chinesischem Einfluß und vielleicht Mitwirkung, als orientalische Traditionen und Gebräuche noch in den muslimischen westlichen Grenzgebieten des mongolischen Reiches lebendig waren.[47] Die Miniatur zeigt eine Episode beim Begräbnis von Dschingis' zweitem Sohn, Chagatai, der 1242 als Herrscher von Zentralasien starb und zusammen mit seinen direkten Nachkommen den konservativsten Zweig der Dynastie und den treuesten Wächter der alten mongolischen Traditionen darstellte.[48] (Vgl. Taf. 1)

Bei diesem im Manuskript dargestellten Begräbnis erscheint Filz in drei charakteristischen Formen und Funktionen. Seine weiße und lebhaft ornamentierte Varietät ist typisch für die altmodischen Wohnstätten der nomadischen Prinzen. Der ungefärbte Türvorhang von grauer Farbe und halb hochgebunden als Zeichen der Trauer ist der übliche Filz, der überall für diesen Zweck verwendet wurde. Die sehr ornamentale Inschrift auf dem Teppich preist «den Sultan, den gelehrten, gerechten Khagan, den mächtigsten.»[49] Die Würdenträger zur rechten scheinen nestorianische Priester zu sein, deren Anwesenheit anzeigt, daß Chagatai als ein Anhänger dieser christlichen Sekte angesehen wurde, wie es viele Untertanen

---

47 Das Manuskript der Bibliothèque Nationale Supplement Persan Nr. 1113 wurde beschrieben und teilweise reproduziert von E. Blochet: *Les enluminures des manuscrits orientaux de la Bibliothèque Nationale.* Paris, Bruxelles 1926; auch von F. R. Martin: *The Miniature painting and painters of Persia, India and Turkey.* 2 Bde. London 1912, und Arménat Bey Sakisian: *La miniature persane du XIe au XVIIe siècle.* Paris, Bruxelles 1929.

48 Über diesen Herrscher und sein zentralasiatisches Territorium vgl. R. Grousset: *L'Empire des Steppes.* Paris 1939, S. 397 ff.

49 «As-Sulṭān al-'alim al-ādil Khāqān al-a'zam.» Ich schulde Dr. W. W. Pepper, Professor Emeritus der Semitistik an der University of California die korrekte Lesung dieser Inschrift. Während Rašīd al-Dins historische Werk persisch geschrieben ist, ist die sehr stilisierte Inschrift auf dem schwarzen Filz in quranischem Arabisch abgefaßt und bezeichnet Chagatai als einen Sultan und einen Khāqān, d.h. mit einem arabischen und einem mongolischen Titel. Er war sicherlich ein gewissenhafter Mongole, aber seine zahlreichen muslimischen Untertanen in Turkestan betrachteten ihn als einen Unterdrücker. Vgl. Bartholds exzellenten Artikel über Chagatai in der *Encyclopaedia of Islam.*

seines zentralasiatischen Herrschaftsgebietes waren.[50] Die Gruppe trauernder Frauen zur linken illustriert mit bemerkenswert realistischer Genauigkeit was authentisch über die mongolischen Begräbnisriten bekannt ist. Die ganze Szene offenbart, wie in Dantes und Boccaccios Zeit ein Dschingisider Souverän «tra feltro e feltro» bestattet wurde mit einem sehr alten orientalischen Zeremoniell und Symbolismus, von dem sich einige Kenntnis bis zur westlichen Welt verbreitet hatte.

Ob diese Riten, wie Boccaccio andeutete, eine Art Bekundung von Demut im Angesicht des Todes und der Vergänglichkeit menschlicher Macht und Herrlichkeit implizieren, kann nicht mit derselben Beweiskraft aus den vorliegenden historischen und ikonographischen Dokumenten geschlossen werden. Ob Filz wirklich der Ausdruck dieser Gefühle war, ist nicht sicher, obwohl die Grobheit und der Zerfall dieses Materials von mongolischer Machart seine symbolische Funktion im Gegensatz zu den feineren Textilien und kostbaren Fellen, die vom asiatischen Adel verwendet wurden, gerechtfertigt haben würde. In der Tat mußten die Prinzen der Dschingisiden-Dynastie, die eines Verbrechens oder Fehlverhaltens schuldig waren, ein einfaches Filzgewand statt ihrer prunkvollen Hoftracht tragen. Überdies ist dieser zerknirschte Ausdruck der Vergänglichkeit irdischen Ruhms ein eindringliches erbauliches und lyrisches Motiv in der eindrucksvollen Beschreibung von Dschingis Chans Tod und Begräbnis wie es in Sagang Setsens Geschichte der Ostmongolen und ihres Fürstenhauses erzählt wird.[51]

---

50 Besonders die Uiguren, die die einflußreichen gebildeten Gruppen in der mongolischen Gesellschaft darstellten. Vgl. E. Bretschneider: *Mediaeval Researches from Eastern Asiatic Sources.* 2 Bde. 2nd. ed. London 1910. Bd. I, S. 236 ff. Chagatais Herrschaftsgebiet schloß die Mohammedaner von Turkestan und die Buddhisten der tibetischen Grenzgebiete ein. (Marco Polo versichert, Chagatai sei Christ geworden. [vgl. Yule: *Book of Ser Marco Polo.* Bd. I, 183.] Die Gegenwart der Nestorianer auf dem Bild seines Begräbnisses scheint den Bericht des venetianischen Reisenden zu bestätigen.)

51 Für die Strafe für auf Abwege geratene Fürsten vgl. Hammer-Purgstall: *Geschichte der Ilchane.* 2 Bde. Darmstadt 1841. Bd. I, S. 226. Sagang Setsens *Geschichte der Ostmongolen und ihres Fürstenhauses* wurde mit einer deutschen Übersetzung von I. J. Schmidt veröffentlicht: St. Petersburg, Leipzig 1829. Sagang Setsen war ein Nachkomme Dschingis Chans und ein eifriger Anhänger des Buddhismus. Er schrieb die Geschichte seiner Nation in apologetischem Geiste und mit besonderem Interesse an der Ost-Mongolei und Tibet.

Obwohl während des 17. Jahrhunderts zusammengestellt, sammelt dieses Standardwerk der mongolischen Historiographie, ganz wie die mittelalterlichen spanischen und französischen Chroniken, die alten dynastischen Legenden und epischen Gedichte, die von Generation zu Generation von nomadischen Barden und frühen amtlichen Chronisten überliefert wurden. Der archaische Beigeschmack dieser Geschichten ist noch wahrnehmbar in Isaak Jakob Schmidts klassischer deutscher Übersetzung von Sagang Setsens Werk, in dem Dschingis Chans letzte Worte bewahrt sind, wie sie angeblich von dem sterbenden Herrscher an seine Frau, seine Kinder und die Würdenträger gerichtet wurden.[52] In diesem Abschied von seiner Familie und seinen Freunden betonte der Eroberer Asiens die Idee der Vergänglichkeit aller menschlichen Dinge, indem er zu ihnen sagte: «Ein geborener Körper ist nicht ewig. Er verschwindet ohne Heimkehr und Rückkehr. Das solltet ihr immer im Gedächtnis behalten.»[53]

In Übereinstimmung mit diesem moralischen Testament des sterbenden Kaisers, arbeitet die poetische Beschreibung seines Begräbnisses dasselbe Motiv weiter aus in einer von Kilükedei Bagatur, einem treuen [nichthistorischen] Paladin des Chans und einem alten Waffenkameraden, gesungenen Hymne:

Einst stießest Du herab wie ein Falke: Ein rumpelnder Wagen nun zockelt Dich fort: O mein König!

Hast Du in Wahrheit denn Deine Frau und Deine Kinder und die Versammlung Deines Volkes im Stich gelassen? O mein König!

Stolz wie ein Adler seine Kreise ziehend führtest Du uns einst, o mein König!

Aber jetzt bist Du gestolpert und gefallen, wie ein ungezähmtes Füllen. O mein König![54]

---

52   Ebenda, S. 103 ff.

53   Keine der alten mongolischen und chinesischen Quellen erwähnen diesen rührenden Abschied. (Vgl. E. Haenisch: Die letzten Feldzüge Cinggis Hans und sein Tod. *Asia Major* 9.1933, S. 593 ff.) Nach den chinesischen Annalen der Mongolendynastie (Yuan Shi) verfaßt kurz nach ihrem Erlöschen 1368, betrafen die letzten Worte des Eroberers nur die strategische Lage seiner Armee. (Vgl. F. E. A. Krause: *Cinggis Han.* Heidelberg 1922, S. 40 ff.)

54   Übersetzt von Yule: *Book of Ser Marco Polo.* Bd. I, S. 250 ff. Die Idee der Vergänglichkeit, die Sagang Setsens rührende Beschreibung von Dschingis Chans Tod und Begräbnis beherrscht, scheint von des Autors buddhistischen Gefühlen inspiriert

IV

Im Ganzen bewahrt Boccaccios Geschichte dann vage einige authentische orientalische Traditionen, obwohl die Tatsachen verzerrt und stilistisch geschönt sind, wie es auch wohl in unseren Tagen in den Unterhaltungsberichten der Zeitungsleute und den exotischen Geschichten phantasievoller Schreiber vorkommen mag. Aber was für ihn und seine Zeitgenossen zu wissen möglich war über die Wahl eines tartarischen Kaisers war in der Tat verläßlicher und korrekter als was altaische Barden über den Tod und das Begräbnis Dschingis Chans und seiner Nachfolger erzählten. Bedeutende Erkenntnis über das ausgebreitete Wissen der Weltereignisse, das damals im Florenz Dantes und Boccaccios in der Zeit umlief, ist in der Chronik des Giovanni Villani, eines Florentiner Kaufmanns und Beamten zu finden, der die Neigung seiner weitgereisten Landsleute teilte, die lokalen Ereignisse eines italienischen Stadtstaates im Rahmen von Weltgeschichte und -erfahrung zu betrachten.[55]

Bei der Behandlung der mongolischen Expansion, die die Armee Batu Chans bis vor die Tore Italiens brachte, informierte Villani seine Leser über die Ursprünge der tartarischen Dynastie und die Wahl Dschingis

---

zu sein. In Wirklichkeit nahmen die Dinge nicht den idyllischen Gang, den der mongolische Historiker beschrieb. Er zitierte wahrscheinlich eines der vielen Lieder, die von alten mongolischen Barden dem Gedächtnis des Kaisers gewidmet wurden. Kurz nach seinem Tod soll die gesamte Bevölkerung von Ningxia, der Hauptstadt des tangutischen Territoriums in Nordchina als Brandopfer für den toten Kaiser abgeschlachtet worden sein. Was den Falken in dem Gedicht angeht, so scheint es, daß der Vergleich traditionell und fast geheiligt war. Zu Beginn seiner Laufbahn, als er noch Temüjin war, verglich er sich selbst mit einem Falken in einer poetischen Botschaft an seinen Suzerän, den Wang-Chan der Keraiten (vgl. d'Ohsson: *Histoire des Mongols.* Bd. I, S. 75). In einem epischen Passus der *Geheimen Geschichte der Mongolen,* übersetzt von Vladimircov (*The Life of Chingis-Khan.* London 1930, S. 60) ist der Vergleich wiederholt, wenn der künftige Dschingis Chan ein «hungriger Falke» genannt wird. Es ist vielleicht in Erinnerung an diese traditionelle Bezeichnung, daß der mongolische Adel und die kaiserlichen Beamten eine symbolische Falkenfeder auf ihrer Kopfbedeckung trugen. Diese Verzierung, ihrer ursprünglichen Bedeutung beraubt, wurde von einigen militärischen oder uniformierten Gruppen in Ost- und Mitteleuropa, und neuerlich in Italien, übernommen.

55 Villani, 1275 geboren, ein jüngerer Zeitgenosse Dantes, starb 1348 an der Pest, die in der Einleitung zu Boccaccios *Decameron* beschrieben wird. Seine Chronik ist die ausführlichste und zuverlässigste Quelle für das Florentiner Leben und die Zivilisation in Dantes Epoche.

Chans durch die die Häuptlinge seiner verbündeten und unterworfenen nomadischen Stämme. «Dann», sagt er, «kamen sie zusammen und machten durch göttliche Eingebung zu ihrem Kaiser und Herren einen Schmied aus armen Verhältnissen, dessen Name Cangius war und der zum Kaiser erhoben wurde auf einem armen Stück Filz; und sobald er zum Herrn gemacht war, wurde er Cane genannt, das ist Kaiser in ihrer Sprache.»[56]

In seiner Mischung von Tatsache und Fabel entspricht dieser Bericht Boccaccios Erzählung und betont gleichermaßen den eklatanten Gegensatz von Niedrigkeit und Macht oder Armut und Pracht, der sich konzentriert in dem Symbol des „armen Filzes" auf dem der erwählte Souverän nach seiner Wahl erhoben wird. Doch während der große Novellist einfach erzählte, was er von ungenannten Leuten gehört hatte, erwähnt der solide und gut informierte Villani als seine Quelle die berühmte Orientalische Geschichte des armenischen Fürsten Hayton, der diese sehr bemerkenswerte Erzählung der asiatischen Begebenheiten 1307 seinem französischen Sekretär, Nicholas Faucon in Poitiers diktierte.[57]

Hayton seinerseits hatte eine direkte und gründliche Kenntnis der asiatischen Gebräuche und Geschehnisse, weil er, bevor er Prämonstratensermönch wurde und 1306 nach Frankreich kam, er sein Leben in seinem armenischen Lehen verbracht und einige Reisen in das benachbarte mongolische Reich unternommen hatte.[58] Seine Bekanntschaft mit dessen dynastischen Traditionen beruhte daher auf Erfahrung aus erster Hand. Überdies verließ er sich auf mündliche und schriftliche mongolische Erzählungen historischen und epischen Charakters wie auf die Berichte seines Onkels, des Königs Hayton von Klein-Armenien, der 1254 ein Gast des Mangu Chan in Karakorum gewesen war und einige Jahre an den Höfen mongolischer Herrscher in West- und Zentralasien verbracht

---

56   Giovanni Villani: *Istorie Fiorentine*. Classici italiani 1802. Bd. 2, S. 35 ff. (Lib. V, cap. 29).

57   La Flor des Estoires de la Terre d'Orient, in *Recueil des Historiens des Croisades. Documents Arméniens*, Bd. II. Paris 1906, S. 111–253, gefolgt von Nicholas Faucons lateinischer Übersetzung des französischen Textes.

58   Über diesen großen armenischen König und den Bericht seiner Reisen vgl. Klaproth in *Journal asiatique* II, 12.1832, S. 273 ff.; auch E. Dulaurier: Les Mongols d'après les historiens arméniens. *Ebda*.V,11, S. 431 ff. und 463 ff. König Haithon ließ seinen Bericht mehr als einmal zu Papier bringen.

hatte.[59] Dieser fromme und fähige König, der sein christlichen Land rettete, indem er ein Vasall der Mongolen wurde, wurde nicht müde, seinen Kindern und Enkeln die merkwürdigen Dinge zu erzählen, die er bei den Tartaren gehört und gesehen hatte.

Fürst Hayton selbst, der Neffe, wohnte zweimal den Krönungszeremonien der mongolischen Chane bei und war besonders beeindruckt von der Erhebung des neuen Herrschers auf einem Teppich von schwarzem Filz, während die jubelnde und kniende Menge dem Großen Chan huldigte.[60] So strömte in der Tat die Macht eines mongolischen Kaisers von der Wahl bis zum Tod «von Filz zu Filz», obwohl in einer verschiedenen Weise von der von Boccaccio beschriebenen und mit einer zusätzlichen symbolischen Funktion völlig anders als der ihr von italienischen Autoren beigelegten. Für Villani und seine Zeitgenossen war dieser Filz ein Ausdruck des Wechsels in den menschlichen Schicksalen und ein Attribut des vorgeblichen bescheidenen Ursprungs eines Mannes, der nun der mächtigste Herrscher auf Erden geworden war.[61]

Obwohl Fürst Hayton die eponymische Fabel von Temüjin dem Schmied akzeptierte, bildete er sich eine realistischere Ansicht des bei einer solchen feierlichen Zeremonie gebrauchten schwarzen Teppichs, weil, wie er sagte, die Tartaren in früherer Zeit ein grobes Volk, das kein besseres Material kannte und nicht in der Lage war, eine kunstvollere Art Stoff herzustellen. Trotz ihrer Eroberung vieler Königreiche und ihrem immensen Reichtum blieben sie bei diesem Brauch wie bei einer alten Tradition, die sie zu bewahren wünschten, selbst auf der Höhe ihrer Macht.[62]

---

59 La Flor des Estoires ... Buch III, Kap. 2, a.a.O., S. 148 ff., latein. Text S. 248 ff.

60 Die weit verbreitete Legende von Dschinggis Chans niederer Herkunft hat keine andere Begründung als seinen ursprünglichen Namen Temüjin, im Mongolischen «Schmied» und noch nicht zufriedenstellend erklärt. Der älteste mongolische Bericht seines Lebens und seiner Taten, genannt die *Geheime Geschichte der Mongolen*, verfaßt 1240, kennt diese Geschichte nicht und betont im Gegenteil den Adel und den göttlichen Ursprung seiner Dynastie. Umgekehrt wurden mehrere chinesische historische Dynastien, wie bekannt ist, von Aufsteigern auf niedrigen Verhältnissen gegründet.

61 Zu dem Passus vgl. P. A. Boodberg: Marginalia to the history of the Northern Dynasties. *Harvard Journal of Asiatic Studies* 4.1939, 242 ff.

62 Eine Biographie Haithons (oder Hethums) von Ch. Kohler in Recueil des Historiens des Croisades. Soc. Armén. II, S. XXII–LXVII.

In dem Falle war der schwarze Filzteppich ein Stammessymbol, das ein eher dynastisches und nationales denn erbauliches und moralisches geworden war, wie durch die Tatsache belegt werden kann, daß Dschingis Chans Nachfolger den einst für seine Inauguration gebrauchten Teppich wie eine heilige Reliquie bewahrten.[63] Zusammen mit dem legendären Vogel, der über dem Eingang zum kaiserlichen Zelt gemalt oder gewoben war, dem Schwert, das vor den designierten Chan gelegt wurde, und dem heiligen Baum, der für seine Seele gezogen oder zu seinem Ruhm angefertigt wurde, gehört der schwarze Filz zu den ursprünglichen dynastischen Dschingisiden Insignien rein mongolischen Ursprungs und war als solche von einer Aura religiöser Verehrung und göttlichen Ehrfurcht umgeben.[64]

Das von Haithon beschrieben Zeremoniell wurde bei der Chanwahl bis zu Tamerlans Ära befolgt, des Herrschers, der in seiner prächtigen und verfeinerten Umgebung zwei an Stangen befestigte rustikale Beutel mit fermentierter Stutenmilch hatte, als letzte Erinnerung an einen uralten nomadischen Brauch.[65] Aber wir wissen nicht genau, ob es irgendwelche besonderen okkulten Bedeutungen hinter diesen Gegenständen und den damit verbundenen Ritualen gab. Die Erhebung auf dem Filz als Teil eines Zeremoniells der Inthronisierung ist in Einzelheiten meist von westlichen Missionaren des 13. und 14. Jahrhunderts beschrieben worden, die gemäß den didaktischen und moralisierenden Trends der zeitgenössischen Literatur, Kunst und Kultur eine allegorische Bedeutung in jeglichem Aspekt des Lebens und der Geschichte suchten.

---

63 B. Laufer: *Felt,* S. 20.

64 Über alle diese dynastischen Symbole vgl. *Guillaume Boucher*, S. 63 ff. C. d'Ohsson: *Histoire des Mongols.* Paris 1834. Bd. II. 458, berichtet, daß, als Nayan, ein mongolischer Fürst christlichen Glaubens, 1287 gegen seinen Vetter Kublai Chan rebellierte, er vor seiner Hinrichtung in zwei Filzteppiche eingehüllt wurde. Marco Polo, der diese Episode ausführlich beschreibt (vgl. Yule: *Book of Ser Marco Polo.* Bd. I, S. 332–344; *Description of the World,* publ. by A. C. Moule and P. Pelliot. London 1938. Bd. I, 192–201), gibt das Material des Teppichs nicht an, in den Nayan gebunden und auf und ab geworfen wurde, bis er starb. Orientalische Quellen geben keine Einzelheit zu diesem Punkt, aber d'Ohsson hatte wahrscheinlich recht, wenn er annahm, daß eine Hinrichtung „tra feltro e feltro" die einzige einem Fürsten der Dschingisiden-Dynastie angemessene war.

65 Ebda., S. 54.

Daher paßt es ins Bild, daß die Ansprache, die der feierlichen Erhebung des gewählten Souveräns auf einem Filzteppich voranging, von Simon von St. Quentin überliefert wurde, einem Dominikanermönch, der den Bericht über Bruder Ascelins unglückliche Gesandtschaft nach Asien 1251 verfaßte.[66] Bei der Beschreibung des Zeremoniells der Inthronisierung eines neuen mongolischen Kaisers, erzählt der Mönch, da «die Barone», die zum *kuriltai* versammelt waren, «ein Stück Filz auf den Boden legten, ihn darauf setzten und sagten: ‚Schau nach oben und erkenne Gott, und schau nach unten und sieh den Filz, auf dem du sitzst. Wenn Du Dein Reich gut regierst, wenn Du Großzügigkeit übst, Dich der Gerechtigkeit freust und jeden Fürsten nach seinem Rang ehrst, wirst Du ruhmvoll regieren und alle Welt wird sich Deiner Herrschaft beugen, und Gott wird Dir alles geben, was Dein Herz begehren mag. Aber wenn Du anders handelst, wirst Du elend, niedrig und so arm, daß nicht einmal der Filz, auf dem Du sitzst, Dir bleiben wird.‘ Nachdem sie das gesagt hatten, ließen die Barone die Frau des Gog [d.h. des Chagans] auf dem Filz Platz nehmen, und mit den beiden darauf Sitzenden hoben sie sie vom Boden und proklamierten sie mit lauter Stimme zum Kaiser und zur Kaiserin aller Tataren.»

Dieser Bericht ist etwas verdächtig, wie es viele der Geschichten waren, die von den ungenügend dazu vorbereiteten Dominikaner-Missionaren (wie es viele waren), asiatische Bräuche, Sprachen und Überlieferungen zu verstehen.[67] Trotz der wichtigen Rolle, die Frauen in den mongolischen dynastischen und politischen Angelegenheiten spielten, erscheint die Erhebung des Chans und seiner Frau auf demselben Teppich sehr unwahrscheinlich. Es gibt kein anderes Zeugnis solcher doppelten Weihung, die ein ziemlich akrobatischer Akt seitens der mit dieser Handlung betrauten Häuptlinge gewesen wäre. Der doppelte Bezug auf Gott mag die Anrufung des Ewigen Himmels in solchen Umständen wiedergeben, aber in einem den mongolischen Gefühlen und Überlieferungen völlig fremden Geiste. Die Kritik des Filzes in einer Anrede, die den Kaiser an seine

---

66 Der Passus wird berichtet in Vincent von Beauvais' *Speculum Historiale* (Lib. XXXI, cap. XXXII, 452a), übersetzt von W. W. Rockhill: *The journey of William of Rubruck*, S. 21, Note 1.

67 Über diesen Gegenstand vgl. vgl. B. Altaner: *Die Dominikanermissionen des dreizehnten Jahrhunderts*. Habelschwerdt 1924.

Pflichten erinnerte, klingt weder authentisch noch verläßlich. Es ergibt keinen Sinn, daß ein Teppich «gewürdigt durch das Schicksal des Weltherrschers und von seinen Nachfolgern bewahrt als ein Palladium und eine heilige Reliquie»[68] als Symbol einer möglichen Schande und eines elenden Lebens, das auf großen Ruhm folgte, genannt werden sollte.

Daher verrät die ganze Ansprache eine Art geistlicher Ausarbeitung zu erbaulichen Zwecken, sehr im Gegensatz zu dem Realismus und der Geradlinigkeit der franziskanischen Reiseberichte und Haithons nüchterner und klarer Beschreibung des Rituals. Diese dominikanische Haltung entspricht sehr genau den Absichten des Bruders Francesco Pipino desselben Ordens, der am Anfang des 14. Jahrhunderts Marco Polos Beschreibung der Welt ins Lateinische übersetzte, nicht nur, wie er sagte, zur Unterhaltung seiner Leser, sondern auch weil «die Lektüre des Buches durch die Gläubigen reiche Gnade des HErrn verdienen mag.»[69]

V

Dies ist der Mythos Filz wie er sich an der europäisch-asiatischen Grenze im christlichen Geist mit seiner charakteristischen erbaulichen Annäherung an exotische Bräuche und Riten entwickelt hat. Das wenige, was über den Gegenstand aus orientalischen Quellen bekannt ist, mag diese Interpretationen eines bei den türkischen und mongolischen Stämmen beobachteten Rituals bis in die gegenwärtige Zeit erklären, aber nicht begründen. [70] Es gibt einige unterschiedliche Einzelheiten in dem Verfahren, je nach Epochen und Klans, wie die Farbe des Teppichs, die Zahl und der Rang der Adligen, die die Inthronisierung vornehmen, die Einstellung des Kaisers während der Zeremonie, und die weiteren Details der Krönung.

Aber die wesentliche Bedeutung des Rituals ist fast immer dieselbe, obwohl nicht immer verstanden von denen, die einzelne Handlungen ausführten oder deuteten. Wie in den meisten Fällen, ist es das früheste vorliegende bekannte Dokument, das die authentischen Implikationen der Erhebung eines neuen Herrschers auf einem Filzteppich enthüllt. Die wenigen Gelehrten, die der Sache Aufmerksamkeit geschenkt haben, stütz-

---

68   B. Laufer, ebda.
69   Vgl. Yule: *Book of Sir Marco Polo.* Bd. II, S. 525.
70   Boodberg: Marginalia, ebda.

ten sich auf einen Passus aus den *Beishi* oder Annalen der Nördlichen Dynastien, der die Krönung des Tuoba (Tabgač) Xiu, Fürst von Pingyang beschreibt, der am 13. Juni 528, nach einer Reihe von schmutzigen politischen Verfahren und dramatischen Abenteuern zum Kaiser von Nordchina proklamiert wurde.[71]

Jener zehnte Kaiser der Nord-Wei-Dynastie legte zuerst die kaiserlichen Insignien an, während er in einem Filzzelt auf die Kurfürsten wartete, die ihn zu seinem Palast begleiteten. Dort hoben ihn sieben seiner höchsten Würdenträger auf ein Stück schwarzen Filz, auf dem der Kaiser gegen Westen dem Himmel seine Ehrerbietung erwies.[72] So wurde ein alter Ritus der türkischen und mongolischen Nomaden in der chinesischen Umgebung ausgeführt, der sich jene fremde Dynastie seit ihrer Eroberung des Landes angepaßt hatte.[73] Die Zeremonie ist auch für die östlichen Türken bezeugt[74], deren Herrschaft über die Mongolei zwischen 552 und 774 eine dauerhafte Spur in der Oberen Orchon Region hinterlassen hat, dem künftigen Zentrum der Dschingisiden Macht und Expansion.[75]

Insgesamt entspricht die in chinesischen Quellen überlieferte Beschreibung sehr genau Haythons nüchternem und verläßlichem Bericht. Doch ist es in der alten Chinesischen statt der mittelalterlichen armenischen Version, daß die Bedeutung dieser Sitte und die Funktion des Filzteppichs authentisch erklärt sind. Eine genauere Untersuchung des Ausdrucks, den der chinesische Annalist verwendete, wirft ein Licht in die Dunkelheit dieser lang vergessenen Bräuche. In seinem neuesten Beitrag

---

71 Ebda. und B. Laufer: *Felt*, 9. Eine geradlinige Erzählung der Ereignisse von O. Franke. *Geschichte des chinesischen Reiches.* 3 Bde. Berlin 1930–1937. Bd. II, 182 ff.

72 *Beishi* in den 24 Reichsannalen, Kap. 5.

73 Ein kurzer Überblick dieser türkischen Dynastie in Verbindung mit ihrem Einfluß in Ostasien findet sich bei H. Grousset: *L'Empire des Steppes*, 186 ff. Für die Ereignisse im eigentlichen China vgl. O. Franke, ebda., Bd. II, 308 ff. und die Literatur erwähnt bei Woodbridge Bingham: *The founding of the T'ang dynasty.* Baltimore 1941.

74 Vgl. Boodberg, ebda., 245.

75 Bei der Behandlung der Bräuche der Tujue (oder Osttürken), berichten die chinesischen Annalen der Nördlichen Dynastien (Bianyidian), daß im 6. Jahrhundert, «wenn ein Häuptling proklamiert wird, tragen seine Paladine und Würdenträger ihn in einer Sänfte von Filz.» Vgl. Stanislas Julien: Documents historiques sur le Toukioue. *Journal asiatique* VI,4.1864, 332.

zur Geschichte der Nördlichen Dynastien hat Professor Peter A. Boodberg gezeigt, daß nach der wörtlichen Übersetzung des Passus des *Beishi* die sieben Beamten des Hofes des Tuoba Xiu «wurden bedeckt von» (chin.: *meng*) einem schwarzen Filzteppich, auf dem der neue Kaiser dem Himmel seine Ehrerbietung erwies.[76]

Es mag hier nur nebenbei bemerkt werden, daß in einer der frühen chinesischen Interpretationen der Name der alten türkischen Tuoba Dynastie angeblich die Bedeutung «bedeckt» hat, wahrscheinlich in Verbindung mit dem fremden Ritual der Inthronisierung.[77] In dem Falle könnte ein chinesischer Kaiser der Dynastie, durch puren Zufall, eher in Dantes Worten *tra feltro e feltro* proklamiert worden sein als irgendein westlicher Herrscher, der nie ein solches Ritual erlebte. Während dieses zufällige Zusammentreffen das Rätsel des Veltro noch schwerer faßbar denn je macht, zeigt die präzise Wortwahl des *Beishi*, daß in der chinesischen Interpretation des Vorgangs der Kaiser nicht auf den Filz gehoben, sondern sieben Männer von diesem bedeckt wurden.

In Einsteins Relativitätstheorie würde das auf dasselbe herauskommen. Aber Geschichte und Philologie sind exakte Wissenschaften, die noch die metaphysische Differenzierung von oben und unten erlauben. In dieser Hinsicht sind wir immer noch Zeitgenossen jener sinisierten türkischen und mongolischen Häuptlinge, die den Ritus vollzogen. Wir nehmen daran teil mit demselben Interesse und Verständnis des alten und distanzierten chinesischen Annalisten, der diese eigenartigen Details aufzeichnete.

Für diejenigen, die die Zeremonie ausführten oder miterlebten, war die Erhebung des neuen Souveräns nicht ein Akt der Unterwerfung, sondern eine Garantie für Schutz und Zusammenarbeit. Der Ritus schuf und drückte aus eine hierarchische Beziehung zwischen den Vasallen und ihrem Oberherrn in dem Sinne, daß ebenso wie er vom Ewigen Himmel bedeckt war, eine Art kosmischen Vorhangs über den Häuptern der

---

76 Boodberg, ebda., 224. Für den Begriff *meng* 蒙 und seine Bedeutung («bedecken, einhüllen, empfangen von einem Höhergestellten» usw.) vgl. Giles: *Chinese dictionary*. London 1912, Nr. 7763.

77 Vgl. P. A. Boodberg: Marginalia to the History of the Northern Dynasties. *Harvard Journal of Asiatic Studies* 3.1938, 240, Par. 5, wo eine philologische Erläuterung des Begriffs gegeben ist.

hauptsächlichen Lehnsherren ausgebreitet war. Sowie der Kaiser dem Himmel seine Ehrfurcht bezeigte während er zu ihm erhoben war, erwiesen die höchsten Würdenträger des Reiches ihm Respekt unter dem Teppich, der als Symbol des Himmels oder eines Doppels gedacht war.

Das scheint die authentische und altehrwürdige Bedeutung des Rituals zu sein. Es bedeutete eine doppelte Weihe des Kaisers und der Lehnsfürsten, die unmittelbar vom Himmel als seine Repräsentanten und Ausführungsorgane ernannt — oder um einen originalen chinesischen Begriff zu nutzen — eingesetzt waren (chin.: *shou*).[78] Diese Interpretation wird nicht nur bestätigt durch die allgemeinen Begriffe der Souveränitätskennzeichen des alten China und der benachbarten Völker an der nordwestlichen Grenze, sondern auch durch die Hofphraseologie, die wo immer und wann immer dieses Ritual noch von Herrschern in chinesischen und türkischen Gebieten vollzogen wurde.

Die mit der Erhebung des Kaisers auf dem Teppich verbundene Idee ist klar definiert von einem türkischen Vasallen in den ersten Jahren des siebten Jahrhunderts. Vom Kaiser sagte er: «Wie der Himmel, so ist nichts, was er nicht bedeckt; wie die Erde, so ist nichts, was er nicht unterstützt.»[79] Eine Generation später bekräftigte Wen Yanbo, Hofmeister des Kaisers Gaozu, die Idee, daß «der Kaiser ist wie Himmel und Erde, die alle Wesen nähren, bedecken, unterstützen und ihnen vollständige Sicherheit gewähren.»[80] Es scheint sicher, daß das traditionelle Zeremoniell, das in anderen

---

78 Der Begriff Investitur ist in alten chinesischen Quellen für die Bezeichnung der Ernennung eines Herrschers durch den Himmel gebraucht. Vgl. den chinesischen Originaltext zitiert von Alfred Forke: *The world conception of the Chinese.* London 1925, 49, Note. Für den Begriff *shou* 授 vgl. Giles, ibid., Nr. 20027.

79 Vgl. Documents historiques sur les Tou-kioue. *Journal asiatique* VI,3.1864, 523; ein anderes Beispiel, ebda., 534.

80 Ebda., IV, 236, Über Gaozu und Wen Yanbo vgl. O. Franke, a.a.O., Bd. II, 353 ff. Dieses sehr ausdrucksvolle Dokument, in dem die Ideen von «bedeckt» und «Investitur» im selben Kontext vorkommen, ist in französischer Übersetzung von E. Chavannes: *Documents sur les Tou-kiue occidentaux.* (Paris, Nachdruck 1942(, Appendix, S. 7 ff., veröffentlicht. – Auch in einem chinesischen Erlaß von 638 bezüglich der Türken Zentralasiens ist die Aufgabe des Kaisers bezeichnet als «das Land der Xia zu bedecken und zu schützen»; gemeint ist das eigentliche China und nicht das Land der westlichen Barbaren.

Quellen beschrieben ist, sichtbarer Ausdruck dieser orientalischen Idee von Souveränität und Macht sein sollte.

Was den schwarzen Filzteppich angeht, so drückte er offensichtlich dieselbe Idee der Investitur aus und stellte die türkisch-mongolische Version des alten Bildes des himmlischen Vorhangs und des überirdischen Zeltes dar. Diese Idee war allen nomadischen und pastoralen Völkern Asiens bekannt. Sie entwickelte sich auch in der frühen babylonischen Kultursphäre, lange bevor König David die Himmel ausgestreckt wie einen Vorhang sah,[81] und Isaiah Gott pries, der «sie ausbreitet wie ein Zelt darin zu wohnen».[82] Die Verbindung dieses Bildes mit den Baldachinen und Schirmen in den religiösen und Hofzeremoniellen der Alten Welt ist selbstverständlich und bedarf keiner weiteren Erklärung.[83] Der wesentliche Unterschied zwischen der westasiatischen und der osttürkischen Symbolik besteht in der Tatsache, daß während Baldachine und Schirme immer den Souverän als Zeichen himmlischen Schutzes bedecken, der Filzteppich nur einmal über den Häuptern der Vasallen ausgebreitet wurde.“[84]

Nicht weniger bedeutend ist die Zahl der Männer, die den Filzteppich mit dem Kaiser hochhielten. Die Tatsache, daß sie immer entweder vier oder sieben waren, zeigt die fundamentale Verwandtschaft jener asiatischen Rituale und gibt einen endgültigen Beweis der Funktion des schwarzen Filzes in der Weihe eines Souveräns türkischer oder mongolischer Herkunft.[85] Die ständige Wiederkehr dieser Zahlen, vier oder sieben, getrennt durch viele Jahrhunderte und in völlig voneinander

---

81   Psalmen 104:2.

82   Isaiah 40:22.

83   Vgl. R. Eisler: *Weltenmantel und Himmelswelt*. 2 Bde. München 1910. In derselben Verbindung vgl. auch einen kurzen Überblick der Entwicklung der Baldachine von Wilhelm (dem letzten deutschen Kaiser) in *Ursprung und Anwendung des Baldachins* (Amsterdam 1931) mit vielen Abbildungen und einer Bibliographie zum Thema.

84   Die früheste Bezeichnung des chinesischen Reiches als Tianxia, oder «unter dem Himmel» zeigt, daß die Idee des Landes als ausgedehnt unter dem Baldachin des Himmels existierte im 3. Jahrtausend v. Chr. Die Osttürken und die mongolischen Herrscher teilten sich mit den Chinesen das Konzept der kaiserlichen Souveränität als einer himmlischen Macht. Für die Idee einer universellen Herrschaft in Verbindung mit diesem Konzept vgl. J. J. M. de Groot: *Universismus*. Berlin 1918.

85   Eisler, a.a.O., Bd. II, 336 ff.

unabhängigen Umständen, belegt die Beharrlichkeit einer Überlieferung trotz vieler Wechsel in der Verfassungsstruktur der ganz verschiedenen Reiche, Königreiche, Dynastien und Völker auf dem asiatischen Kontinent.[86]

Diese Tatsache ist um so überraschender, da neun und zehn die charakteristischen Zahlen bei den dynastischen Insignien wie auch in der militärischen und Verwaltungsorganisation der türkischen Stämme und des Dschingisiden-Reiches sind. Die Zahl der Häuptlinge, die den Filz anheben, wird erklärt durch die kosmische Symbolik von vier und sieben in den alten asiatischen Glaubensvorstellungen. Beide Zahlen repräsentieren das Universum und erscheinen verbunden mit der dem Weltbild wie es sich in den alten babylonischen Spekulationen und primitiven astronomischen Mythen und Beobachtungen entwickelte.[87]

In diesem Sinne repräsentieren die vier Ecken des von vier Männern hochgehaltenen Filzes die vier Himmelsrichtungen wie gedacht und ausgedrückt in fernöstlicher Kosmologie und politischem Symbolismus.[88]Die sieben Männer, die den Filz mit dem Körper trugen, alle zusammengenommen die Struktur der Welt, deren Zentrum und Herrscher der Kaiser ist.[89] Seine Erhebung auf dem schwarzen Filz ist eine Art

---

86 Boodberg in Marginalia (*Harvard Journal of Asiatic Studies* 4.1939, 245) neigt dazu, die Zahl sieben mit einer älteren konstitutionellen Tradition der Tujue (Osttürken) in Verbindung zu bringen, aber die Häufigkeit der Zahl vier in derselben Verbindung weist eher auf eine kosmische Implikation als auf einen Stammesgebrauch.

87 Eisler, a.a.O.

88 Über die «vier Ecken» als das grundlegende Konzept der chinesischen Kosmologie und auf ihre politischen Auswirkungen vgl. A. Forke: *World conceptions of the Chinese.* (London 1925), bes. S. 227 ff. Weitere Beispiele und Literatur bezüglich der doppelten Symbolik in des Autors Buch *Guillaume Boucher*, 84, 101, usw. In dem oben zitierten kaiserlichen Erlaß, in mancher Hinsicht grundlegend für die frühe politische Philosophie der Tangzeit, spielt die Zahl vier auf die vier Jahreszeiten an, die sich zu gleichen Teilen «den Segen von Himmel und Erde teilen.»

89 Der kaiserliche Thron wird mit dem Polarstern identifiziert, um den sich die ganze Welt dreht. Alle diese symbolischen und kosmologischen Implikationen sind praktisch verbunden mit der höchsten Funktion des Kaisers als Hüter des Kalenders und als Sohn des Himmels. Für das Konzept und die Symbolik der Zahlen vgl. de Groot, a.a.O., 143 und *passim*; M. Granet: *La pensée chinoise.* Paris 1934, 149 ff. und *La civilisation chinoise.* Paris 1929, 290 ff. und 442 ff. (engl. Übers. New York 1930, 247 ff. und 377 ff.). Der Titel «Himmlischer Chagan» wurde von den türkischen

Kommunion mit dem Universum und dem Ewigen Himmel, mit dem er, sozusagen, gleichen Wesens und handelnder Teil ist.[90] Die höchsten Würdenträger des Reiches nahmen teil an dieser himmlischen Macht mittels dieses Weihe-Rituals. Dank seiner war der von der Dschingisiden-Dynastie bewahrte schwarze Filz sowohl ein religiöses wie politisches Symbol, eine Art Duplikat des ewigen Himmels mit dem Chagan schwebend zwischen dem Himmelsgewölbe über seinem Kopf und dem himmlischen Filz unter seinen Füßen. Seine Auswirkungen waren nicht nur moralisch und erbaulich, wie von westlichen mittelalterlichen Reisenden und Schriftstellern interpretiert, sondern im Grunde religiös und politisch.[91]

VI

Der hervorstechendste Aspekt der mythischen Geschichte des Filzes ist, daß seine Funktion und Bedeutung als ein Symbol des Himmels nichts auf die türkischen und mongolischen Stämme und Dynastien beschränkt sind, sondern auch von den frühen Kommentatoren von Dantes Prophetie enthüllt werden, ob sie die Erscheinung des Veltro als eine Wiederkunft Christi oder als die eines Kaisers oder eines Papstes interpretieren. So scheinen die beiden Söhne des Dichters, Jacopo und Pietro Alighieri, beide Autoren gelehrter Kommentare zum Poem ihres Vaters, bei den Interpretationen von «tra feltro e feltro» das zu bevorzugen, was am weitesten hergeholt und am kryptischsten klingt. Sie glauben, der Ausdruck bedeute «tra cielo e cielo», d.i. zwischen Himmel und Himmel.[92]

Herrschern Zentralasiens zur Bezeichnung des chinesischen Kaisers gebraucht. Vgl. E. Chavannes: *Documents sur les Tou-kiue occidentaux* (Paris, Nachdruck 1942), 206 ff.

90 Diese Ansicht existierte im Fernen Osten, bevor die Ethik des Konfuzianismus als Staatsreligion den Himmel, oder das Höchste Wesen, nur für den Kaiser zugänglich und zur Hauptquelle seiner Kraft machte.

91 Dieser Aspekt des mongolischen und ostasiatischen Lehnswesens ist von B. Ja. Vladimircov: *Obščestvennyj stroj Mongolov* (Leningrad 1934) nicht berücksichtigt worden.

92 Nachdem er die Meinung anderer erwähnt hat, sagt Pietro di Dante Alighieri: «Tu dic inter feltrum et feltrum, id est inter caelum et caelum, talis temporalis virtuosus inferius infundetur.» (Vgl. Petri Allegherii: *Super Dantis Comoediam*, ed. V. Vannucci. Firenze 1845; auch Jacopos *Chiose all'Infrno di Dante*. Firenze 1848). Für andere Interpretationen derselben Passage vgl. G. Scartazzini: *Enciclopedia Dantesca*, Art. *feltro* und *Veltro*.

Dies ist auch die Meinung der meisten ihrer Zeitgenossen wie Benvenuto Rambaldi da Imola[93] und Francesco da Buti[94], die den Passus als «zwischen Himmel und Erde» erklärten. Ein anonymer Erklärer des vierzehnten Jahrhunderts hielt den Filz für ein Bild der Luft;[95] während Filippo Villani, der Boccaccio in der öffentlichen Erklärung des Poems in Florenz nachfolgte, in der Prophezeiung «das Kommen Christi in den Wolken des Himmels» sah.[96] Cristoforo Landino, der autoritativste aller Kommentatoren der Commedia in der Renaissance-Zeit, auch der letzte ist, der die Meinung von Dantes Söhnen vertrat, die aller Wahrscheinlichkeit nach eine vage Vermutung wiedergibt, die vom Dichter selbst ausgedrückt wurde.[97]

Obwohl er seine Unfähigkeit zugab, den Passus zu verstehen, scheint Boccaccio auch überzeugt zu sein, daß der geheimnisvolle Filz eine Beziehung zum Himmel hat.[98] Diese Interpretation ist vernachlässigt und vergessen worden von allen modernen Kommentatoren, für die die mittelalterliche Herangehensweise an das Problem keinen Sinn ergab und keine Unterstützung in historischen Dokumenten oder literarischen Erinnerungen fand. In der Tat ist die Idee vom Himmel als einem Filz ist so fern von christlichen und westlichen Traditionen und so eindeutig individuell in Dantes Absicht und Vorstellung daß selbst seine Söhne und die Männer ihrer Generation nicht daran gedacht haben würden, *tra feltro e feltro* als an eine Anspielung darauf den Himmel zu erklären ohne eine Anregung seitens des Dichters selbst. Aber er war nicht deutlich genug, um die Negier seiner Verwandten, Freunde und Kommentatoren zu befriedigen.

Es wäre jedoch unvereinbar nicht nur mit gesundem Menschenverstand (der sicherlich wenig zu tun hat mit Dichtung, Prophetie und religiösem Glauben), sondern auch mit Dantes forma mentis, einen direkten Einfluß ostasiatischer Rituale auf seine apokalyptische Darstel-

---

93 *Comentum* ...., veröffentlicht von J. Ph. Lacaita. 5 Bde. Firenze 1887.

94 *Commento sopra la Divina Commedia di Dante Alighieri*. 3 Bde., pubbl. da C. Giannini. Pisa 1858–1862. Vgl. Scartazzini, a.a.O., Bd. II. 2093.

95 Scartazzini. a.a.O., 2094.

96 Vgl. F. Villani: *Il comento al primo canto dell'Inferno*, pubbl. da G. Cugnoni (Collez. di opuscoli danteschi inediti e rari. Nos. 31–32; Città di Castello 1806), 195.

97 Scartazzini, a.a.O., 2094.

98 Ebda., 2091.

lung des Erlösers der Menschheit zuzugeben. Er kannte mit Sicherheit
Vincent von Beauvais' Passus über Güyük Chans Wahl 1245,[99] und er
konnte, ebenso wie Giovanni Villani, Haythons Bericht über die
Zeremonie bei Dschingis Chans Inthronisierung im Frühling 1206 bei der
heiligen Quelle des Onon-Flusses im Herzen der Mongolei gekannt
haben.[100] Aber Dante hatte eine sehr persönliche Sicht von exotischen
Dingen und wenig Interesse an der asiatischen Welt.[101]

Es ist nicht zu verstehen, wie er ein barbarisches Ritual der Nomaden-
stämme der Steppen auf einen christlichen Erlöser und seine himmlischen
Implikationen verbunden mit ihren heidnischen Mythen und Gebräuchen
hätte übertragen können.

Der legendäre Priester Johannes von Asien, so populär in Italien zu der
Zeit, trägt einige Züge, die auf den idealen Herrscher in Dantes Terzett
hindeuten. In der ihm gewidmeten Literatur wird der Priester als so reicher
und mächtiger Herrscher dargestellt, daß Land und Geld für ihn, der sein
imaginäres Reich „durch Weisheit, Liebe und Tugend" regiert, mit keinem
höheren Titel als dem eines einfachen Priesters, ohne Bedeutung sind.[102]
Aber es gibt keine Anspielung auf Filz in den vielen mittelalterlichen Ver-
sionen der weit verbreiteten Legende.

Diese wichtige Auslassung ist sicherlich verständlich. Es gibst natürlich
eine Verwandtschaft in der mythisch-poetischen Vorstellung der Völker
der Alten Welt, aber nur vor dem gemeinsamen Hintergrund von Religion,
Kultur und Zivilisation. Niemand in der geistigen westlichen Nationenge-
meinschaft könnte in einem Stück Filz ein geheiligtes Bild des Himmel
entdeckt haben, oder einen Filz-Mythos kreiert haben mit der geringsten
Aussicht, daß er jenseits der Grenzen einer geheimen Sekte oder einer
hermetischen Doktrin verstanden würde. Dante war nicht ein Mystagoge,
und seine Sprache hat einen poetischen *afflatus*, selbst wenn sie Ton und

---

99   *Speculum Historiale*, Lib. XXI, cap. XXXII, 452a. Vincent starb 1264 nach der
     Vollendung seines enzyklopädischen Werkes. Der lateinische Text seiner Abkür-
     zung von Carpinis Bericht ist nachgedruckt von C. R. Beazley: *The texts and versions
     of John de Plano Carpini*. London: Hakluyt Society 1903, 74 ff.
100 Vgl. Text, 23–24.
101 Vgl. des Verfassers Essay: Dante e l'Oriente. *Giornale Dantesco* 39.1938, 65 ff.
102 «Altitudo nostra ... minori nomine et inferiori gradu propter humilitatem magis elegi
     nuncupari», obwohl «nemo potest scire quantum protendatur dominium nostrum.»
     Zarncke: *Der Priester Johannes*, Par. 99.

Stil orakelhafter Mehrdeutigkeit annimmt. Wenn eine hartnäckige und respektable Tradition existierte, die seinen Filz als himmlisches Symbol interpretierte, mußte sie auf einer Basis gegründet sein, die völlig verschieden war von der, auf der sich der orientalische Mythos des Filzes unter den asiatischen Stämmen seit dem Beginn der Geschichte entwickelt hatte.

Tatsächlich hat Dante keinen Hinweis auf eine *Wahl* seines *Veltro* gegeben. Er spricht nur von seiner Geburt «tra feltro e feltro», und schließt dadurch die geographische oder ethnische Definition von *nazione* aus. Die vermutete Anspielung auf die Geburt Christi in Armut hat keine Basis, weil Filz nie in der Heiligen Schrift erwähnt wird. Für eine Geburt scheint der Ausdruck eher eine verhüllte Anspielung auf ein Horoskop, wie es gewöhnlich zu Dantes Zeit bei der Geburt eines Kindes und besonders eines Fürsten gestellt wurde, zu enthalten. Folglich muß Vergils Prophezeiung eines Veltro einige astrologische Implikationen haben und mag hinweisen auf einen himmlischen Einfluß, der Charakter, Taten und Persönlichkeit des kommenden Erlösers formen wird. Dies ist belegt durch Dantes Anspielung auf die günstige Konjunktion von «nahenden Sternen» in seiner nicht weniger obskuren Prophezeiung eines gottgesandten künftigen Führers gegen die Usurpatoren geistiger und politischer Macht.[103] In beiden Fällen ist der Hinweis auf die Sterne nicht bloß metaphorisch, sondern einer der vielen Ausdrücke seines wissenschaftlichen Glaubens an die astrale Vorherbestimmung menschlicher Taten und menschlichen Schicksals.[104]

Diese Annahme würde die ansonsten völlig rätselhafte Zustimmung der meisten der frühen Kommentatoren in der Suche nach dem symbo-

---

103 *Purgatorio* XXXIII, 37–45. Die berühmte Prophezeiung des kommenden Herzogs ist generell verbunden mit der des Veltro.

104 Dante verdammt die Astrologie, wenn für professionelle Vorhersagen von Ereignissen mit Hilfe von Magie praktiziert, wie auch die Einmischung von Wahrsagern in Umstände und Entscheidungen persönlichen oder öffentlichen Interesses (vgl. *Inferno* XX). Andrerseits teilte Dante mit seinen Zeitgenossen einen Glauben an den Einfluß der Sterne, Planeten und Konstellationen in der Formung der menschlichen Persönlichkeit und Verleihung besonderer Neigungen und Fähigkeiten. Der freie Wille des Menschen ist nicht von diesem Einfluß berührt. Es gibt viele Belege in Dantes Werk von seiner Kenntnis der führenden astrologischen Literatur des wissenschaftlichen Typus, besonders von arabischem Ursprung. Vgl. E. Moore: The astronomy of Dante, in seinen *Studie: in Dante*. 3. Serie. Oxford 1903, 19 ff.

lischen Filz im Himmel statt in Italien, Asien oder einer anderen irdischen Region erklären. Dantes Sohn Pietro bestätigt, daß der Dichter sich in seiner Vorhersage des Veltro als in wissenschaftlicher Astrologie versiert zeigt wie er es in anderen Dingen ist, und so den Triumph der Tugend durch seine Kenntnis der Sterne weissagt.[105] Trotz seiner Zögerungen neigt Boccaccio zu dem Glauben, daß Dante auf eine «himmlische Konstellation»[106] angespielt haben müsse, und er wurde in seiner Interpretation unterstützt von Francesco da Buti, der von den «Himmelskörpern» und der dem Dichter zugebilligten astrologischen Expertise spricht.[107]

Hier ist was Cristoforo Landino, indem er eine Tradition, die auf Dante selbst zurückging, aber von seinen Kommentatoren nie verstanden wurde, zusammenfaßte und abschloß, hundert Jahre später zu sagen hat über diese immer noch unerklärte Interpretation: «Ich glaube, daß der Dichter, als ausgezeichneter Mathematiker, mittels der Astrologie verstanden hat, wie es in Zukunft Umwälzungen in den Himmeln geben wird, durch deren Gnade Gier für immer ein Ende finde. Daher wird der Veltro entweder genau der Einfluß sein, der zwischen Himmel und Himmel [d.h. tra feltro e feltro] seinen Ursprung hat, oder sonst ein Herrscher, der durch diesen Einfluß hervorgebracht wird.»[108]

Diese obskure Textstelle ergibt Sinn, sobald man die einzige Konstellation ins Auge faßt, mit der die Idee des Filzes im Altertum und dem Mittelalter verknüpft war. Es ist die Konstellation der Zwillinge, der *pilleatri fratres*, der Brüder mit den Filzkappen, Castor und Pollux,[109] die traditionell mit ihren Filzkappen in den Miniaturen mittelalterlicher Abhandlungen abgebildet wurden.[110] Zu Dantes Zeit waren viele Statuen

---

105 «Ut ostendat se poetam instructum in diversis, vult nunc se ostendere in judicio astrorum» usw. (zitiert von Scartazzini, a.a.O., Bd. II, 2091).

106 «L'autore intende qui dovere essere alcuna constellazione celeste», a.a.O.

107 *Ebda.*, 2093.

108 «Io credo che il poeta, come ottimo matematico, avesse veduto per astrologia che per l'avvenire avessero a essere certe revoluzioni dei cieli», usw. *Ebda.*, 2094.

109 Catullus, 37, 2. Forcellinis *Lexicon totius latinitatis*, sowie die besten modernen lateinischen Lexika, unter *Pilleatus, Pilleum*, usw.

110 Vgl. Taf. 2, unten, und die Illustrationen in G. Thieles *Antike Himmelsbilder* (Berlin 1898). Für die antike Ikonographie der Dioscuri vgl. den Artikel von Furtwängler in Roschers *Ausführliches Lexikon der klassischen Mythologie*, und Franz Cumont:

dieser höchst populären heidnischen Gottheiten Italiens natürlich verschwunden, genau wie die zahlreichen römischen Münzen mit den Zügen und Symbolen der Dioskuren seit langem nicht mehr da waren,[111] aber Hyginus, der von den mittelalterlichen Gelehrten gelesene Mythograph, hatte die die Erinnerung an das charakteristische Attribut in der traditionellen Ikonographie der Zwillinge bewahrt.[112] Die Verbindung einer Filzkappe mit jenen *lucida sidera* war so bekannt im Altertum, daß zwei dieser Filzkappen mit einem Stern darüber ausreichend waren, an die dritte Konstellation des Tierkreises und ihre Verkörperung in den zwei mythischen Brüdern zu erinnern.[113] In der karolingischen Epoche, als Miniaturen der alten heidnischen Gottheiten nach den Überbleibseln antiker Bilder gemalt wurden, erklärte Paulus Diaconus, indem er Festus' lateinisches Vokabular rekapitulierte, die *pillea Castori et Pollucis* als ein spartanisches Kennzeichen der beiden Söhne der Leda.[114]

Dante muß die Bilder der Gemini in einem jener astrologischen Manuskripte, die er so eifrig als junger wie als reifer Mann studierte, als die Wissenschaft der Sterne eine der Hauptbeschäftigungen der Mathema-

---

Recherches sur le symbolisme funéraire des Romains (Paris 1942). Immer noch wertvoll ist der Artikel über die Dioscuri in Daremberg-Saglios *Dictionnaire des antiquités grecques et romaines*. Literatur in Pauly-Wissowa *Reallexikon des klassischen Altertums*, Art. „Dioscuri". Ein kurzer Überblick von H. Thurston Peck in Harpers *Dictionary of classical literature and antiquities*. New York 1923.

111 Vgl. S. L. Cesano: I Dioscuri nelle monete antiche. *Bulletino della Commissione Archaeologica Comunale* 4.1927, 101 ff., und F. Cumont, a.a.O., 73.

112 Hygini *Fabulae* rec. H. J. Rose. Lugdunum Batavorum 1940, cap. LXXX, 61.

113 Vgl. Taf. 3.

114 *De verborum significatu*, Art. pileum, ed. W. M. Lindsay. Leipzig 1913, 225. Sparta war in der Tat das Zentrum des Kults der Dioscuri gewesen, bevor er sich nach Sizilien, Kontinental-Italien und Rom verbreitete. Einige lokale christliche Kulte der Zwillings-Heiligen erinnern uns noch an die große Popularität der beiden mythischen Helden. Vgl. A. H. Krabbe; Der Tod der Etzelsöhne im Dietrich-Epos. *Zeitschrift für deutsches Altertum* 69.1932, 137 ff. Die Darstellung der Zwillinge mit Filzkappen muß in den mittelalterlichen Kalendern erschienen sein, wie zu sehen ist im Lateinischen Psalter der Kathedrale von Salisbury, MS 150, geschrieben und illustriert ca. 969. Vgl. Palaeographic Society: *Facsimiles of manuscripts and inscriptions*. London 1873–1883. Bd. II, Taf. 188. Eine umfassende Studie der Tierkreiszeichen in mittelalterlichen MSS und Denkmälern ist immer noch ein offensichtlicher Mangel; sie wäre wertvoll und interessant.

tiker, Philosophen und Ärzte geworden war.[115] Er muß die Züge jener filzkappigen Brüder mit besonderer Intensität betrachtet haben, weil die Zwillinge seine eigene Konstellation waren. Er wurde 1265 geboren, zwischen Mai und Juni, *tra feltro e feltro*, das ist, zwischen dem Aufgang des einen Sterns und dem Untergang des anderen.[116] An beide adressierte er eine gehobene und glühende Bitte, als er, gegen Ende seiner Himmelsreise von ihrer Sphäre hinabblickte auf die sieben Planeten und auf unsere Erde, «das kleine Blumenbeet, das unsere Gemüter so wild macht.»[117]

O glorious stars, O light impregnate

---

115 Es gibt keine zufriedenstellende Studie über Dantes astrologische Kenntnis und Interessen. Vgl. E. Moore, a.a.O., und M. A. Orr: *Dante and the early astronomers* (London 1914.). Über zeitgenössische astrologische Überlieferung und Praxis vgl. Lynn Thorndyke: *A history of magic and experimental science* (New York 1923–1934). Bd. II und III. Für die astrologische Interpretation der Geschichte in Dantes Florenz vgl. E. Mehl: *Geschichte der Stadt Florenz.* Bd. IV, Teil 3. 1927, 106ff. Für die italienischen illuminierten Manuskripte zur Astrologie vgl. F. Saxl: Verzeichnis astrologischer und mythologischer illuminierter Handschriften ..... *Sitzungsberichte der Heidelberger Akademie der Wissenschaften. Phil.-hist. Klasse.* 1915 und 1927.

116 Die alten Astronomen hatten beobachtet, daß die beiden brilliantesten Sterne der 3. Tierkreis-Konstellation, d.i. Castor und Pollux, nie zusammen erscheinen, sondern vielmehr in alternierenden Phasen. Dies Phänomen erklärt Dantes Ausdruck *tra feltro e feltro* und seine astronomische Bedeutung als zwischen dem Aufgang des einen und dem Untergang des anderen der beiden filzmützigen Zwillinge. Die antike Mythologie und Kosmologie verband diese Phasen mit der Fabel von den Dioscuri; vgl. Cumont, a.a.O., 68 ff. Ihre Erscheinung als Morgen- und Abendstern erinnert an die Geschichte, daß Castor und Pollux an aufeinander folgenden Tagen starben. (Referenzen in der oben genannten Literatur, Anm. 110). Diese astronomische und mythologische Verbindung war in der christlichen Ära nicht vergessen. Lactantius, einer der frühen christlichen Autoren erwähnt die Dioscuri mehrmals und sagt, daß «eosdem poetae alternis vivere alternis mori narrant» (De falsa religione, cap. X, in Mignes *Patrologia Latina.* VI, Kol. 162). Der Erzählung von Albericus (*De deorum imaginibus*, 13. Jh.) folgend, schließt Boccaccio die Geschichte der Dioscuri, indem er seine Leser daran an die alternierenden Phasen der beiden Sterne erinnert (vgl. *Genealogia deorum gentilium*, Lib. XI). Leider haben sowohl der alte Munckerus wie Angelo Mai, die 1681 bzw. 1831 die Abhandlung des Albericus (wahrscheinlich ein Pseudonym für Alexander Neckam) herausgaben, die Sektion, die den Zeichen des Tierkreises gewidmet ist, ausgelassen. Für andere Darstellungen der Zwillinge vgl. F. Saxl, a.a.O., Bd. II.1927, 174 ff., und W. Gundel: Dekane und Dekansternbilder. *Studien der Bibliothek Warburg.* 1936, 123 ff., 160 ff.

117 L'aiouola che ci fa tanto feroci. *Paradiso* XXII, 151.

With mighty virtue, from which I acknowledge
All of my genius, whatso'er it be,

With you was born, and hid himself with you,
He who is father of all mortal life,
When first I tasted the Tuscan air.

And then when grace was freely given to me
To enter the high wheel which turns you round,
Your region was allotted unto me.

To you devoutly at this hour my soul
Is sighing, that it virtue may acquire
For the stern pass that draws it to itself.[118]

Dies ist der lyrische Ton der Erfüllung im Gegensatz zu der orakelhaften Mehrdeutigkeit der prophetischen Sprache. Was Dante an anderer Stelle den «zwillingsgebärenden Himmel»[119] genannt hatte, wird auf der Schwelle zur Hölle mit der kryptischen Erwähnung der Attribute der Dioskuren angedeutet und schließlich enthüllt, auf der Schwelle des Empyreums, als seine siderische Heimat und inspirierende Kraft.[120] In den anderen Passagen seines Gedichts umschreibt Dante die Erwähnung seiner persönli-

---

118 *Paradiso* XXII, 112–123 (Longfellows Übersetzung).
[Hier eine deutsche Fassung von Karl Witte (Berlin 1916):
Glorreiche Sterne, Licht an Kräften schwanger
Dem ich verdanke, was ich an Begabung
Empfangen, sei es wenig oder mehr,
Mit euch erhob sich, mit euch ging zur Rüste
Das Licht, das alles Erdenlebens Quell ist,
Als ich zuerst Toskanerluft geatmet;
Und als mir dann gespendet ward die Gnade,
In's hohe Rad, das euch bewegt, zu treten,
Ward mir beschieden euer Himmelszeichen.
Zu euch seufzt ehrerbietig meine Seele,
Um Kraft zu finden für das hohe Wagnis,
Von dem in Anspruch sie genommen wird!]
119 Il geminato cielo, in der *Canzone Io son venuto al punto della rota,* v. 3
120 Castor und Pollux sind mit ihren Namen erwähnt in *Purgatorio* IV, 61

chen Konstellation indem er seine astronomische Redewendung[121] oder einen mythisch-poetischen Ausdruck verwendet.[122] Im ersten Canto des Inferno wird die Anspielung auf Filz als ein himmlisches Kennzeichen der Zwillinge Vergil in den Mund gelegt, der die Bedeutung des römischen *pilleum* nicht nur als Attribut von Castor und Pollux kannte, sondern auch als populäres Symbol der Freiheit.[123] Der neue Erlöser der Welt, wer immer er sein würde, würde so stark von der Konstellation beeindruckt sei, daß er der Menschheit den Triumph der Weisheit, Liebe und Tugend, verkörpert in den zwei filzkappigen mythologischen Brüdern, sichern würde.

Kann Dante selbst der Veltro sein, der im Prolog des Gedichts angekündigt, «von dem Erde und Himmel gleichen Anteil hatten»?[124] Diese Identifikation ist bereits mehr als einmal von einem anderen Gesichtspunkt aus vorgeschlagen worden, mit großem Geschick, aber wenig Erfolg.[125] Die Prophezeiung ist für eine zu unbestimmte Zukunft intendiert, um den Protagonisten selbst der im Gedicht dargestellten epischen Vision einzuschließen. Was ist sicher, ist Dantes Vorahnung, daß der kommende Erlöser der Natur und den Intentionen des Dichters kongenial sein wird, gleich geformt durch dieselben Sterne, die seine Geburt schützten und sein Werk bestimmten.[126]

Mittelalterliche Astrologen und die frühen Interpreten der Commedia stimmen überein, indem sie dem Einfluß der Zwillinge die Weisheit zuschreiben, die durch Dichtung und Wissenschaft erworben wird. Dichter und Mythographen fanden in den unzertrennlichen himmlischen Brüdern

---

121 *Paradiso* XXII, 110–111 („.... il segno / Che segue il Tauro ...).

122 Il bel nido di Leda. *Paradiso* XXVII, 98.

123 Vgl. B. Laufer: *Felt*, 22, und für viele Beispiele die oben genannten Handbücher und Nachschlagewerke. «Servos ad pilleum vocare» war der Ausdruck, der für die Befreiung von der Sklaverei gebraucht wurde. (Vgl. Livius XXX, 45). Für andere Passagen vgl. E. Samter: Der Pileus der römischen Priester und Freigelassenen. *Philologus* 53.1894, 515 ff. Die Idee des Schutzes ist vielleicht ausgedrückt von Plautus (fragm. apud Non., 220, 16) in den Worten *pilleum meum, mi sodalis, mea salubritas*, aber die Interpretation des Ausdrucks ist nicht zweifelsfrei. Die Dioscuri wurden jedoch immer als σοτηρες Erlöser und als Schützer der Menschheit verehrt.

124 *Paradiso* XXV, 2.

125 Scartazzini: *Enciclopedia Dantesca*. Bd. II, 2095.

126 Über Dantes «Stern» vgl. Inferno XV, 55 («Ed egli a me: ,Se tu segui tua stella ...'»), und die älteren wie die neueren Kommentare zu der Stelle.

ein Symbol der brüderlichen Liebe.[127] Als ein mythisches und menschliches Symbol für außergewöhnliche Tapferkeit sind sie in mittelalterlichen Miniaturen mit einer Waffe in einer und einer Leier in der anderen dargestellt.[128] Dante vereinigte in der Persönlichkeit seines Veltro die drei Eigenschaften, die von jener Konstellation ausgehen: Weisheit, Brüderlichkeit und Tapferkeit.

Für ihre Verkörperung in einem künftigen Erlöser der Menschheit hatte Dante keine historische Persönlichkeit im Blick, sondern eher einen Mann mit diesen Tugenden und der Kraft (virtute) sie zum moralischen Nutzen und der allgemeinen Wohlfahrt der Menschheit durchzusetzen. In dem Fall würde der Veltro nicht genau ein Großer Chan der Tartarei noch notwendig ein Can Grande von Verona, sondern einfach ein weiser, menschlicher und kraftvoller Führer sein, der unter der günstigsten Konstellation geboren wurde.[129] Folglich würde der geheimnisvolle Windhund einfach das allegorische Gegenstück der Wölfin in einer imaginären Jagdszene von moralischer Bedeutung und universalen Proportionen sein.[130] Sein Kommen würde in den Sternen, *tra feltro e feltro*, vorbereitet sein und Rom und die Welt vor Gier, Gefahr und Verderben retten.

---

127 Diese moralischen Implikationen sind bereits bei griechischen und römischen Autoren offensichtlich, die die Dioscuri behandeln; vgl. M. Alberts Bemerkungen in Daremberg-Saglios *Dictionnaire*, Art. «Dioscuri»; auch Cumont, a.a.O., 69 ff., wo die Dioscuri nach alten Quellen als Symbole der Harmonie des Universums betrachtet werden. Bei einigen Münzen der späten römischen Kaiser werden die Dioscuri normalerweise verwendet, um die brüderliche Zusammenarbeit der zwei Caesaren darzustellen. Vgl. S. L. Cesano, a.a.O., 123.

128 Vgl. Taf. 2 und 4.

129 Dies ist der Sinn, der der Stelle von Dantes frühesten Kommentatoren gegeben wurde, obwohl niemand weiß, welche Art von Konstellation der Dichter im Sinne hatte. Die Annahme unserer Interpretation des Veltro als unter dem Zeichen der Zwillinge geboren, würde Cangrande della Scala ausschließen, weil er im März (1291) unter einer anderen Konstellation geboren wurde. Das Geburtsdatum von Heinrich VII, der von einigen Kommentatoren als Veltro der Prophezeiung vermutet wurde, ist unbekannt, ebenso wie das seines Nachfolgers Ludwig von Bayern. Es ist zweifelhaft, ob Dante je eine bestimmte historische Persönlichkeit im Sinne hatte, die als Erlöser von Italien, der Kirche, des Reiches und der Menschheit dienen sollte.

130 Die Idee der Jagd wurde im Altertum mit den Dioscuri verbunden, die z.B. an der Jagd auf den Calydonischen Eber teilnahmen. Vgl. Ovid: *Metam.* VIII, 299 ff.; Hyginus: *Fabulae*, cap. CLXXIII.

VII

Der Weg, auf dem Filz in die Metaphorik des Himmels kam und sich zu einem mythischen Symbol entwickelte, ist nicht leicht zu verfolgen. Das Tragen von mehr oder weniger verzierten Filzkappen war eine sehr alte asiatische Mode, die besonders von Herrschern, Priestern und Kriegern gepflegt wurde, manchmal als direkte Weiterentwicklung ursprünglicher Insignien der Macht, verbunden mit religiösen Ritualen, kosmischen Ideen und mythologischen Traditionen. Diese aufragenden persischen Kappen und sternbesäten Kopfbedeckungen der Götter und Könige haben eine lange und verwickelte Geschichte wie die der päpstlichen Tiara, einer bischöflichen oder Abt-Mitra, der phrygischen Mütze oder des türkischen Fez und des ägyptischen Tarbusch.[131] Aber keine dieser geweihten oder altehrwürdigen Kopfbedeckungen wurde je dauerndes Kennzeichen einer Sternengottheit in der Art, daß zwei einfache Filzmützen oder ein dichterische Anspielung auf Filz von sich aus das himmlische Bild, die mythologischen Fabeln, die astrale Kraft und den Ursprung der antiken Gottheit hervorrufen konnten.

Seit dem späten Altertum, als die zwei verbundenen Filzkappen der Dioscuri das Ei, von dem sie geboren wurden,[132] oder sonst, nur die zwei Hemisphären der Welt,[133] zu repräsentieren erachtet wurden, sind viele Vermutungen vorgebracht worden, um ihre Herkunft und Bedeutung zu erklären.[134] Es ist nicht nötig, sie hier zu diskutieren. Es mag genügen, in diesem Kontext daran zu erinnern, daß Castor und Pollux relativ spät als Konstellation auftauchen.[135] Es war erst nach Ende des vierten Jahrhun-

---

131 Laufer: *Felt*, 15.

132 Das ist das Ei der Leda, der Mutter der Dioscuri und von Helena. Vgl. die oben zitierte Literatur.

133 Vgl. R. Eisler: *Weltenmantel*. Bd. I, 64 ff., 174, 632 Note, usw. Verschiedene Beispiele von spätmittelalterlichen Kopfbedeckungen, die von mythologischen Figuren getragen wurden, werden gezeigt in H. Liebschütz: Fulgentius Metaphoralis. *Studien der Bibliothek Warburg*. 1926.

134 R. Eisler, a.a.O., Bd. II, 417; F. Cumont: a.a.O., 44 ff. und 94 ff.

135 Vgl. die ausgedehnte Literatur über den Gegenstand erwähnt von O. Gruppe in *Jahresberichte über die Fortschritte der klassischen Altertumswissenschaft*. Supplementband 137.1908, 176 ff. und Suppl. 186.1921.

derts, daß eine mit Sternen besetzte Filzmütze ihr dauerndes Attribut wurde.[136]

Nichtsdestoweniger kann man in dem Symbol leicht eine späte Version des ἀστερωπὸς πῖλος, des bestirnten Filzhuts der asiatischen Gottheiten, der in griechische Kulte eingeführt wurde und von da in die ganze römische Welt.[137] Die Erscheinung dieses Symbols auf Münzen und Statuen trifft zusammen mit der Popularität der Dioscuri als Schützer der Seeleute und Handwerker in der ganzen Mittelmeerregion.[138] Überdies waren Castor und Pollux in Rom Schutzgottheiten der Mittelklasse, der *equites*, d.h. aller Männer, die autorisiert und gewohnt waren, die ungefärbte Filzmütze als Zeichen ihres Ranges und ihrer Privilegien und als Symbol ihrer bürgerlichen Freiheiten zu tragen.[139] Während die phrygische Mütze die Kopfbedeckung der Sklaven war und römische Edelleute (in Sänften) getragen wurden oder barhäuptig durch die Straßen der Stadt gingen, war es die «gefilzte Menge», die das *pilleum libertatis* ihrer Schutz-Konstellation trug.[140] Wenn ein Sklave seine Freiheit erlangte, setzte er diese Mütze als Symbol der neu gewonnenen Freiheit auf. Eine

---

136 In Aratus' *Phaenomena* (erste Hälfte des 3. Jh. v. Chr.) werden die Dioscuri bei der Beschreibung des Tierkreises nicht erwähnt.

137 Vgl. Cesano, a.a.O., 103 ff. Über den vermuteten hethitischen Ursprung des Kults siehe Cumont, a.a.O., 95. Eine schwache Erinnerung an diese frühen mythischen Mützen ist enthalten in Livius' legendärem Bericht über die Ankunft in Rom des etruskischen Geschäftsmannes und Politikers, der schließlich König Lucius Tarquinius Priscus (658–610 v. Chr.) wurde. Als er und seine Frau, eine Prophetin, bis zum Janiculum in ihrem gedeckten Wagen gekommen waren, «schwebte ein Adler mit ausbalancierten Flügeln zu ihnen nieder und zupfte Lucumos Mütze ab ... der Adler hatte den Schmuck vom Kopf eines Sterblichen genommen, damit er ihn mit göttlicher Zustimmung wiederherstelle.» (Livius I, 34, 4–9) Lucumo, der etruskische Kaufmann aus Tarquinii, war der Sohn eines korinthischen Siedlers.

138 Vgl. Eisler, a.a.O., Bd. I, 67.

139 Vgl. M. Albert: *Le culte de Castor et Pollus en Italie.* 1883. Siehe ferner Pauly-Wissowa: *Reallexikon*, Art. Dioscuri, und W. Roscher: *Ausführliches Lexikon*, usw., Artikel über denselben Gegenstand.

140 «Pilleata plebs", Suetonius: Vita Neronis, 51. Über die römische Freiheitsmütze vgl. G. Wissowa: *Religion und Kultus der Römer.* 2. Ausg. (München 1925), 139, und H. Blümner: *Die römischen Privataltertümer* (München 1911), 228 und 298.

Münze, die Caesars Ermordung feierte, zeigt dieselbe Mütze flankiert von zwei Dolchen.[141] (Vgl. Tafel 3, b.)

Textstellen der im Mittelalter bekannten und gelesenen lateinischen Autoren hielten die Erinnerung an den und die Auswirkungen des klassischen Mythos Filz am Leben. Ob die Idee der Freiheit, die damit verbunden war, Dante durch den Kopf ging, als er die Geburt tra feltro e feltro des künftigen Retters der Menschheit vorhersagte, kann nicht definitiv bestätigt werden. Die meisten von Dantes Symbolen sind polyvalent, genauso wie die vielen Mythen und Figuren des Altertums, die in seinem Gedicht erwähnt werden. Er bezeichnet seine Reise ins Jenseits als den Weg von der Sklaverei zur Freiheit.[142] Die Divina Commedia ist ein Gedicht der Freiheit, da der Begriff von Dante in seinem humanen, metaphysischen und politischen Sinn verwendet wird; nämlich als die Übereinstimmung des freien Willens mit der moralischen Ordnung in einer von göttlichen Prinzipien und Institutionen regierten Welt.[143]

---

141 Vgl. R. Herbig: Politische Bildkunst der Römer. In: *Die Welt als Geschichte* 3.1937, 328 ff. und Taf. I, Nr. 3.

142 Vgl. *Purgatorio* XXVII, 127–142; *Paradiso* XXI, 85.

143 In dem Sinne, daß, da die Freiheit der Seligen in der Identität ihres Willens mit dem Willen Gottes besteht, individuelle und politische Freiheit die perfekte Übereinstimmung des menschlichen Willens mit dem eines Herrschers ist, der in seinem Geiste die drei Kardinaltugenden des praktischen oder irdischen Lebens verkörpert: *sapienza, amore, e virtute* (Weisheit, Liebe und Tapferkeit). Der Veltro ist die allegorische Bezeichnung eines solchen idealen Herrschers. Da Weisheit und Liebe Tugenden im moralischen Sinne sind, drückt der von Dante verwendete Begriff *virtute* im Zusammenhang mit Veltro das «virtus» Konzept in der römischen Auffassung aus: Können, Stärke, Mannhaftigkeit, wie sie von den Dioscuri in der antiken Mythologie repräsentiert werden. Eine Substitution der Filzmütze als ein heidnisches Symbol der Freiheit des Herrschers wird von Vergil mit der Krone und Mitra vorgenommen, die er Dante an der Schwelle zum irdischen Paradies (*Purgatorio* XXVII, 142) auferlegt. Vgl. auch *Paradiso* XXV, 9. – Durch eine merkwürdige Koinzidenz entsprechen die drei persönlichen Tugenden von Dantes Veltro genau den drei grundlegenden Tugenden des konfuzianischen ethischen Systems: Wissen (im Sinne von Weisheit), Wohlwollen (im Sinne von Menschlichkeit und «charitas») und Stärke als ein Attribut überlegener Mannhaftigkeit (das lateinische *virtus*). Vgl. Confucius: Doctrine of the Mean, ch. XX, 6 (Chinesischer Text mit englischer Übersetzung und Anmerkungen in Legges *Chinese classics*. Oxford 1893. II, 407). Die Koinzidenz läßt sich erklären durch die Verwandtschaft der beiden ethischen Systeme, die von sozialem Interesse, aktiver Moralität und der Idee einer perfekten

Diese Herrschaft der Freiheit wird von Vergil im ersten Canto mit einer vagen Anspielung auf die astralen filzmützigen Brüder angekündigt, an die Dante seine Dankeshymne in dem Moment richtet, als er in die himmlische Sphäre aufgenommen wird um die Befugnis zu erhalten für seinen letzten Aufstieg zu Gott.

Alle Völker der euro-asiatischen Welt haben seit undenklicher Zeit, in primitiven wie in höheren Formen menschlicher Zivilisation, verschiedene Ausdrucksformen eines weit verbreiteten Filz-Mythus entwickelt. Dieses grobe und geringe Material, das wahrscheinlich einen ersten Schritt in der Geschichte des frühen Handwerks darstellt, blieb nicht auf die bescheidene Sphäre des täglichen Lebens und der praktischen Aktivität beschränkt. Seit dem frühesten Altertum hat er teilgenommen an dem menschlichen Trend zu höheren und edleren Formen der Existenz und fand seinen Weg zum Himmel im Gefolge religiöser Besorgnisse und moralischen Ehrgeizes.

Für die nomadischen Stämme Asiens, die Völker von Griechenland und Rom, die christlichen Missionare des Mittelalters und sogar die größten aller christlichen Dichter, konnte ein Material, das durch Rollen, Schlagen und Pressen von Wolle und Tierhaar gemacht wurde, mehr bedeuten als nur ein nützliches Mittel zur Bequemlichkeit und zum Schutz. Es wurde auch eine Erinnerung an die geheimen Kräfte, die das menschliche Schicksal und menschliche Unternehmungen lenken. In der seelenlosen Tyrannei unserer materiellen Zivilisation enthüllen die alten Mythen des Filzes die Macht urzeitlicher Ansichten und Vorstellungen bei der Ehrung und Vergöttlichung selbst der gewöhnlichsten und bescheidensten Aspekte menschlichen Lebens und menschlicher Fähigkeit.

Regierung durch einen weisen Herrscher dominiert werden. Sowohl Konfuzius wie auch Dante erwähnen die drei universellen Tugenden in Verbindung mit der Vision eines idealen Herrschers.

Tafel 1

Die Miniatur ist reproduziert von E. Blochet: *Djami el-Tévarikh* (Leyden 1911. E. J. W. Gibb Memorial Series 18.), 184. Das Datum des berühmten persischen Manuskripts wie auch der beiden Fragmente derselben Chronik in London und Edinburgh ist kontrovers. Bis vor kurzem gab es eine generelle Übereinstimmung unter den Historikern der iranischen Kunst, die Miniaturen den frühen Jahren des 14. Jh. zuzuweisen. Dieses Datum würde dem Höhepunkt der mongolischen Periode der iranischen Zivilisation entsprechen, als die Ilchane Ghazan und Öljeitü die kulturelle und künstlerische Wiederbelebung des Landes förderten.

Heute gibt es eine Tendenz, die Manuskripte dem späten 15. Jh. zuzuschreiben. Wenn dieses Datum zu akzeptieren ist, muß man annehmen, daß die meisten Miniaturen, die mongolische Hofgebräuche, Kostüme und Accessoires zeigen, nach Vorbildern des späten 13. Jh. gemalt wurden, die getreu in der post-Timuriden-Zeit veraltete und vergessene Einzelheiten wiedergaben. Die direkte chinesische Teilnahme an der Illustration verschiedener Episoden und Passagen von Rašid al-Dins umfangreicher Kompilation ist auch schwer zu erklären in einer Epoche angespannter Beziehungen zwischen Zentralasien und China, und nach der Auflösung der asiatischen kulturellen und politischen Einheit, die einst während der Dschingisiden-Herrschaft über den Kontinent bestand.

Welches Datum immer für das Pariser Manuskript von Rašid al-Dins Chronik vorgeschlagen wird, es ist sicher, daß seine Miniaturen viele wichtige Details, die alte und authentische mongolische Traditionen zurückrufen, die noch in des Autors Zeit überlebten.

Über die bärtigen nestorianischen Priester, die in der Miniatur links von Cagatais Sarg zu sehen sind vgl. P. Y. Saeki: *The Nestorian documents and relics in China.* Tokyo 1937, 427 ff.

Tafel 2

Die Tafel reproduziert fol. 22r des MS 188 der Bibliothèque Municipale in Boulogne-sur-Mer, Frankreich. Das Manuskript enthält die *Aratica* des Germanicus und wurde geschrieben und illustriert in Nord-Frankreich im zehnten Jahrhundert. Das Manuskript ist adäquat beschrieben von G. Thiele: *Antike Himmelsbilder* (1898), 82 ff. Unsere Reproduktion ist genommen von Jean Seznec: *La survivance des dieux antiques* (London: Warburg Institute 1944), Taf. XXXVII, Nr. 57.

Eine fast identische Darstellung der Zwillinge als Dioscuri mit Mützen ist enthalten im Codex Vossianus Latinus, quarto 79 der Universitätsbibliothek in Leiden, reproduziert von G. Thiele, a.a.O., 98. Das Manuskript gehört zum neunten Jahrhundert und war wahrscheinlich eine Vorlage für das Boulogne-sur-Mer Ms. Aber der ikonographische Typ der Zwillinge in beiden Miniaturen ist augenscheinlich viel älter und hellenistischen Ursprungs.

Die Anordnung der Sterne in der Miniatur, die auf unserer Tafel reproduziert ist, entspricht im ganzen der Beschreibung in Hyginus' *Poeticon
astronomicum*, Nr. XXI. Aber die Kreuze auf den Filzmützen sind christliche Zutaten zu dem heidnischen Typus und bereits im Leidener Manuskript sichtbar. Die Verbindung von so vielen verschiedenen Symbolen
rund um das Bild der beiden mythischen Helden ist sicherlich einer der
bemerkenswertesten Aspekte dieser frühen Miniaturen, die das früheste
Attribut dieser antiken asiatischen Gottheiten mit dem christlichen
Zeichen der Erlösung und Rettung verbinden.

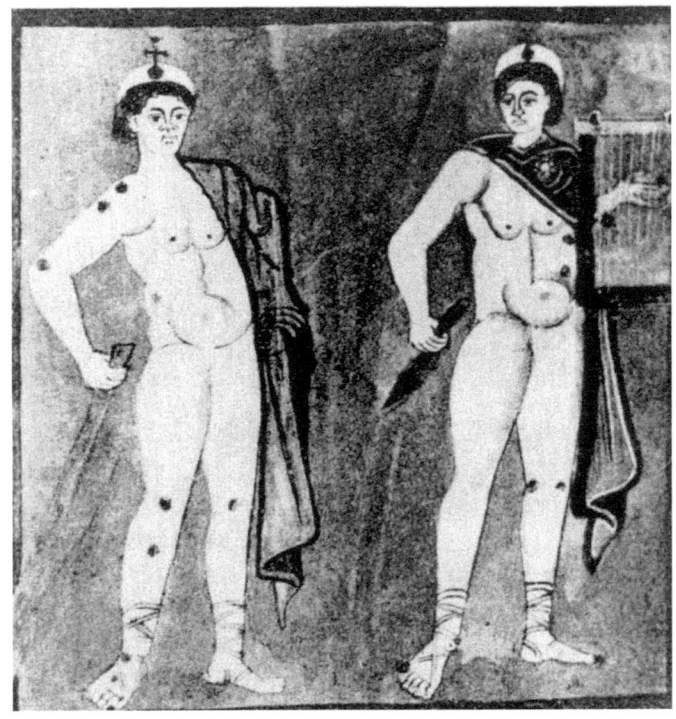

Tafel 3
a. Diese Münze von Sparta ist reproduziert und kurz beschrieben von S.
L. Cesano: I Dioscuri nelle monete antiche. Die Zeichnung hier ist aus der
Enciclopedia Italiana, Art. Dioscuri genommen. Die Tafeln in Cesanos Arti

kel sind nicht scharf genug und daher ungeeignet für eine Vergrößerung. Mehr über Münzen mit dem Bild der Dioscuren findet sich in H. Mattingly und E. S. G. Robinson: Die Datierung des römischen Denars, usw. *Die Welt als Geschichte* 3.1937, 69 ff. und 300 ff.

b. Siehe Text, 45–46 und Note 40.

Tafel 4

Diese Tafel zeigt einen der Zwillinge in der Darstellung des Manuskripts der Bibliothèque nationale, Paris, Latin 7330, fol. 12v, 14. Jh., französisch, reproduziert nach Gundel: *Dekane und Dekansternbilder*, Tafel 21a. Die Inschrift lautet «vir armatus quaerens varia instrumenta muse [i.e. musicae] artis et iocos.» Über Abu Ma'šar und sein Traktat vgl. K. Dyroff in F. Boll: *Sphaera* (Leipzig 1903), 482 ff. Verschiedene Abhandlungen dieses berühmten arabischen Astronomen aus dem 9. Jh. waren zu Dantes Zeit in lateinischer Übersetzung bekannt. Er ist erwähnt im *Convivio*, II, 14, aber wahrscheinlich nach Albertus Magnus' Buch *De meteoris* (vgl. Paget Toynbee: *Dante studies and researches* [London 1902], 56 ff., und Dante

Alighieri: *Il Convivio*, commentato da G. Busnelli et G. Vandelli. Bd. I. [Firenze 1934], 204, Anmerkung):

Eine sehr merkwürdige genealogische Bemerkung über Pollux ist in einer Abhandlung über allegorische Mythologie, verfaßt von John Ridewall, einem Oxforder Theologen und Gelehrten und Dantes Zeitgenossen, unter dem Namen Fulgentius Metaphoralis. Indem er den alten Mythographen Fulgentius (zweite Hälfte des 5. Jh.) zitiert, behauptet Ridewall: «Saturn soll der Sohn von Pollux sein. Nach einigen Dichtern repräsentiert Pollux die Humanität; daher soll Saturnus der Sohn des Pollux sein, d.h. der Humanität.» Vgl. Hans Liebeschütz: Fulgentius Metaphoralis. *Studien der Bibliothek Warburg.* 1926, 72. Castor ist in der Abhandlung erwähnt, auch sind die Dioscuri nicht abgebildet in Liebeschütz's Ausgabe.

Über die Dioscuri in christlicher Tradition vgl. J. Rendel Harris: *The cult of the Heavenly Twins* (Cambridge University Press 1906). und Note 113 oben.

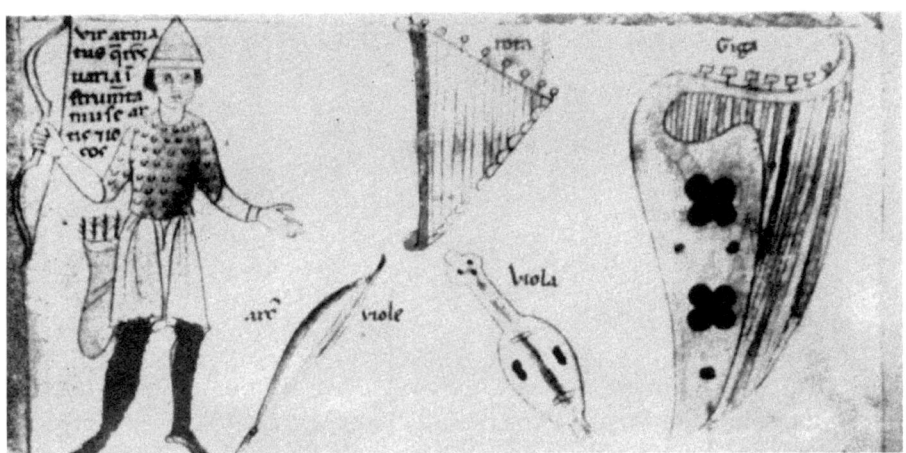